A

Frühlingsblätter

Ausgewählt von
Aleksia Sidney

Atlantik

Atlantik Bücher erscheinen im
Hoffmann und Campe Verlag, Hamburg

1. Auflage 2015

www.hoca.de www.atlantik-verlag.de
Einbandgestaltung: Katja Maasböl, Hamburg
Satz: Fotosatz Amann, Memmingen
Gesetzt aus der ITC Legacy
Druck und Bindung: GGP Media GmbH, Pößneck
Printed in Germany
ISBN 978-3-455-37018-8

HOFFMANN UND CAMPE

Ein Unternehmen der
GANSKE VERLAGSGRUPPE

Will dir den Frühling zeigen,
der hundert Wunder hat ...

Rainer Maria Rilke

Inhalt

Emanuel Geibel

Hoffnung

Und dräut der Winter noch so sehr
Mit trotzigen Gebärden,
Und streut er Eis und Schnee umher,
Es muss *doch* Frühling werden.

Und drängen die Nebel noch so dicht
Sich vor den Blick der Sonne,
Sie wecket doch mit ihrem Licht
Einmal die Welt zur Wonne.

Blast nur, ihr Stürme, blast mit Macht,
Mir soll darob nicht bangen,
Auf leisen Sohlen über Nacht
Kommt doch der Lenz gegangen.

Da wacht die Erde grünend auf,
Weiß nicht, wie ihr geschehen,
Und lacht in den sonnigen Himmel hinauf,
Und möchte vor Lust vergehen.

Sie flicht sich blühende Kränze ins Haar,
Und schmückt sich mit Rosen und Ähren,
Und lässt die Brünnlein rieseln klar,
Als wären es Freudenzähren.

Drum still! Und wie es frieren mag,
O Herz, gib dich zufrieden;
Es ist ein großer Maientag
Der ganzen Welt beschieden.

Und wenn dir oft auch bangt und graut,
Als sei die Höll' auf Erden,
Nur unverzagt auf Gott vertraut!
Es muss *doch* Frühling werden.

Hugo von Hofmannsthal

Vorfrühling

Es läuft der Frühlingswind
Durch kahle Alleen,
Seltsame Dinge sind
In seinem Wehn.

Er hat sich gewiegt,
Wo Weinen war,
Und hat sich geschmiegt
In zerrüttetes Haar.

Er schüttelte nieder
Akazienblüten
Und kühlte die Glieder,
Die atmend glühten.

Lippen im Lachen
Hat er berührt,
Die weichen und wachen
Fluren durchspürt.

Er glitt durch die Flöte,
Als schluchzender Schrei,
An dämmernder Röte
Flog er vorbei.

Er flog mit Schweigen
Durch flüsternde Zimmer
Und löschte im Neigen
Der Ampel Schimmer.

Es läuft der Frühlingswind
Durch kahle Alleen,
Seltsame Dinge sind
In seinem Wehn.

Durch die glatten
Kahlen Alleen
Treibt sein Wehn
Blasse Schatten.

Und den Duft,
Den er gebracht,
Von wo er gekommen
Seit gestern Nacht.

Ludwig Uhland

Frühlingsglaube

Die linden Lüfte sind erwacht,
Sie säuseln und weben Tag und Nacht,
Sie schaffen an allen Enden.
O frischer Duft, o neuer Klang!
Nun, armes Herze, sei nicht bang!
Nun muss sich alles, alles wenden.

Die Welt wird schöner mit jedem Tag,
Man weiß nicht, was noch werden mag,
Das Blühen will nicht enden.
Es blüht das fernste, tiefste Tal:
Nun, armes Herz, vergiss der Qual!
Nun muss sich alles, alles wenden.

Ludwig Thoma

Frühlingsahnen

Wohlig merken unsre Sinne
Nun den Frühling allgemach,
Denn es trauft aus jeder Rinne,
Und es tropft von jedem Dach.

Leise regt sich im Theater
Dieser Welt ein Liebeston;
Nächtens schreien viele Kater,
Und der Hase rammelt schon.

So auch uns ergreift die Glieder
Wundersame Lebenskraft;
Selbst solide Seifensieder
Fühlen ihren Knospensaft.

Treibet das Geschäft der Paarung!
Lasset der Natur den Lauf!
Denn ihr wisset aus Erfahrung,
Einmal hört es leider auf.

Stephen Leacock

Frühlingsnahen

Ich vermute, dass der Frühling naht. Ich bin kein guter Beobachter, aber wie die Tage vergehen, beginnen sich selbst für mich die Zeichen zu mehren, dass der Frühling vor der Tür stehe. Ich ergreife diese frühe Gelegenheit, das Publikum mit meiner Entdeckung bekanntzumachen und sie durch einige dem Thema verwandte Tatsachen zu erläutern. Jedenfalls will ich dies Jahr der Erste auf dem Felde sein und beeile mich daher, die Anzeichen aufzuzählen, auf die sich meine Ansicht vom Nahen des Frühlings gründet. Erstens habe ich beobachtet, dass der Schnee schon lange geschmolzen ist, zweitens, dass die Post die Formulare für die Einkommensteuererklärung zu verschicken beginnt, und drittens, dass im Marshall Foch Café, früher Kaiserhof, ein Schild mit »Bockbier« aushängt. (Amerikanische Blätter bitte ich, Punkt 3 wegen Gefahr des öffentlichen Aufruhrs zu streichen.)

Der Frühling ist also bei uns eingekehrt. Frühling, Frühling! schallt's bald durch den Wald und ich hoffe, dass wir ihn dies Jahr ruhig, gemessen und mit keinem hysterischen Ausbruch, wie solchen eine gewisse Art Leute leider an sich zu haben pflegen, begrüßen. Auf diese unglücklichen Wesen, die man Naturfreunde nennt, will ich hier zu sprechen kommen.

Jedes Jahr habe ich mit Schmerz feststellen müssen, dass das Nahen des Frühlings eine außerordentlich starke Verirrung in dem Wesen vieler meiner Freunde hervorruft. Neben meinem Hause, nur wenig zur Rechten, wohnt ein Mann, der ein solcher Naturfreund ist. Den Winter hindurch verhält er sich einigermaßen ruhig, denn er ist ein netter, freundlicher Mann, der sich gut für den allgemeinen gesellschaftlichen Verkehr eignet. Zu seinen Ungunsten muss ich zwar feststellen, dass ich mitunter beobachtet habe, wie er in seinem schneebedeckten Garten herumgräbt. Ein- oder zweimal habe ich auch gesehen, wie er einen gefrorenen Zweig von einem Baum abbrach und ihn untersuchte. Einmal traf ich ihn, da er zeitweise durch den Anblick einer Schwarzdrossel (sonst ungefährlich), die auf einem Zweig saß, außer sich geraten war.

Sonst ist während der kalten Jahreszeit seine Aufführung größtenteils eine normale, der Frühling ruft aber sofort in meinem Naturfreund die fürchterlichsten Störungen hervor. Plötzlich sucht er bei jedem Zusammentreffen sich zu einem Verständigungslied zwischen der Natur und mir zu machen. Von dem Anblick an, wo der Schnee zu schmelzen beginnt, hält er mich tagtäglich fest, um mir zu erzählen, was die Pflanzen, Vögel und Bienen tun. Ich wünsche weder diese Aufklärungen noch kann ich sie gebrauchen, leider muss ich sie aber ertragen.

Jeden Morgen verabreicht mir mein Naturfreund irgendeine neue herrliche Erkenntnis. Etwas, was er so erfreulich findet, dass sein ganzes Gesicht erglänzt. »Heute morgen habe ich einen Fink gesehen«, sagte er. »Wirklich«, antwortete ich. »Nachmittags habe ich eine zartfarbene Tangara-Meise beobachtet.« »Ist nicht möglich«, antwortete ich. Was eine Tangara-Meise ist, davon habe ich keine Ahnung und hoffe auch, nie eine zu haben. Solche Weisheiten meines Naturfreundes kann ich nur schweigend entgegennehmen. Jedenfalls kann ich nicht mit ähnlichen Kenntnissen aufwarten. Was die Ornithologie anbetrifft, so sind mir nur zwei Vögel bekannt: die Krähe und die Henne. Beide erkenne ich sofort an ihrem Gefieder oder ihrem Gesang. Am ersten Frühlingstag bin ich imstande, die Bemerkung fallenzulassen, heute sah ich eine Krähe oder gestern Morgen spazierte hier eine Henne herum. Aber für meine Hennen und Krähen scheint man sehr schnell das Interesse zu verlieren, bald beginne ich mich ihrer zu schämen und komme dann nie wieder auf sie zurück. Aber mein Freund hält Wochen hindurch an seinen Entdeckungen fest und klappert die ganze Tiertonleiter ab. »Gestern habe ich einen Goffer gesehen. Raten Sie mal, was der kleine Kerl tat?« Wenn er mein Inneres sehen könnte, ich würde gern loslegen und antworten: »Zum Teufel, ist mir total Wurst, was der kleine Kerl tat.« Aber wie jeder andere habe auch ich nicht die Sicherheit oder Grausamkeit, die Schwärmereien des Naturfreundes zu unterbrechen. Eines Tages aber werde ich es können, und dann soll er nur aufpassen.

Mein besonderer Ärger über die Naturfreunde entspringt aus ihrer eigenartigen Sprechweise, eine Art Kindersprache, in der sie sich mit der Natur zu verschmelzen glauben. Sie tun sich entsetzlich wichtig, wenn ein winziges Leberblümchen aus dem Schnee hervorguckt, und glauben, dass sie das veranlasst haben. »Denken Sie nur, was ich gesehen habe«, ruft der Naturfreund dann, »das kleinste entzückendste Stückchen Grün, das aus dem Rotbraun einer Weide hervorlugte.« Auch darf nicht unbeachtet bleiben, auf welche Weise sie von Farben sprechen, niemals einfach und sachlich von Rot, Schwarz oder Blau, immer nur von solchem Zeug wie Rotbraun und Blaugrün. Mein Freund fragte mich, ob ich das besonders sanfte Gelbbraun beobachtet habe, das das Wasserhuhn sich im Frühling anzieht. Meine Antwort lautete, nein, erstens habe ich kein Wasserhuhn gesehen, und zweitens weiß ich nicht, dass Wasserhühner überhaupt etwas anziehen, und drittens wüsste ich nicht, dass eine solche Farbe wie Gelbbraun überhaupt existiert. Ich habe eine schwarzblaue Krähe gesehen und eine preußischblaugebrannte Sienna-Henne beobachtet, aber darüber hinaus nichts.

Das Schlimmste von allem ist der Gehirnzustand eines Naturfreundes hinsichtlich der Vögel, das grenzt wirklich schon an Wahnsinn. Wenn er von ihnen zu sprechen beginnt, nimmt seine Stimme einen besonders wehleidigen Klang an. Mein Naturfreund erzählte mir gestern, dass er zwei Goldammern beobachtet hätte, die gerade anfingen, sich hinter seiner Garage ihr Nest zu bauen. Er schlich sich auf Zehnspitzen zu dem Platz und blieb wie angewurzelt stehen, um sie zu beobachten. Ich vergaß, ob er sagte angewurzelt oder angenagelt. Manchmal braucht er bei solchen Gelegenheiten das eine oder das andere Wort. Aber wenn er schon einmal Gelegenheit hat anzuwurzeln, warum in aller Welt entwurzelt er sich wieder?

Ich möchte daher ganz trocken und einfach, ohne jede Bösartigkeit, folgende Aufforderung ergehen lassen, wenn einer meiner Freunde je sehen sollte, dass ein Schneeglöckchen aus einer Rasenecke hervorguckt, möge er so freundlich sein und mir das nicht erzählen, wenn einer von ihnen beobachtet, dass die innere Rinde der Eiche sich leise blaurot zu färben beginnt, möge er die Freundlichkeit haben, diese Entdeckung bei sich zu behalten. Wenn einer meiner Bekannten beobachtet haben sollte, dass zwei Goldammern sich ein Nest hinter seiner Garage bauen, und mir dann davon erzählen will, wie er, am Erdboden angewurzelt, stehen geblieben sei, um mit Interesse zu beobachten, wie die lieben kleinen Tierchen hin und her flatterten, würde er mir einen Gefallen tun, wenn er angewurzelt stehen bliebe und mir davon nichts erzählte.

Ich bemerke, dass ich schon viel früher offen mit meinen Naturfreunden hätte sprechen sollen. Aber leider muss ich zugestehen, dass ich jene traurige und schwächliche Seelenbeschaffenheit habe, die einen mit Hass im Herzen zum Lächeln zwingt. Mein unglücklicher Nachbar hat keine Ahnung davon, dass ich ihn töten will, und doch beabsichtige ich dies, denn ich habe seine Tangara-Meisen und Goldammern so lange ertragen, wie ich nur konnte. Das Ende naht. Und das Leberblümchen, das gerade sein kleines Gesichtchen über das Gelbbraun eines Blattes hervorstreckt – schön, wir wollen warten, aber eines Tages, das weiß ich, werde ich plötzlich meinen Revolver auf meinen Freund richten und sagen: »Herr, nun ist es genug. Viele Jahre haben Sie mich jeden Frühlingstag auf der Straße angehalten und mir von diesen Naturereignissen erzählt. Ich habe es über mich ergehen lassen und gelächelt. Sie haben mir mitgeteilt, wann das erste Braun unter den Flügeln der Lerchen erschien, und ich habe es mir erzählen lassen. Sie hielten mich fest, um mir anzuvertrauen, dass das erste Trillium aus einem Haufen toter Eichenblätter erschienen sei, und ich ließ mir das erzählen und sagte nie, dass ich alles, was ich vom Trillium wusste, nur mit der deutschen Reparationsschuld zusammenhing. Aber jetzt ist das Thema erschöpft. Begegnen Sie Ihrem Geschick, wie Sie können, Sie sind dabei, dorthin zu gehen, wo das erste Lila-Rosa des jungen Rhododendron Sie nicht mehr interessieren wird.«

Ich möchte gewiss nicht sauertöpfisch erscheinen, aber ich bin offen genug, einzugestehen, dass ich zu den Leuten gehöre, die nie etwas von dem Nestbau einer Goldammer bemerken würden, sollte sie sich nicht gerade dazu meinen Hut in den Garderobenräumen des Klubs dazu auswählen. Viele Männer denken ebenso wie ich, und die Zeit ist gekommen, wo wir uns schützen müssen. Es gibt Zeichen des Frühlings, die jeder vernünftige Mann achtet und anerkennt. Ihm fällt es auf, wenn die Austern von der Speisekarte verschwinden, und er weiß dann, dass der Winter vorbei ist. Er stellt fest, dass die Portion gekochter neuer Kalifornischer Kartoffeln von 25 auf 10 Cent heruntergesetzt wird, und er bemerkt, dass die Jahreszeit fortschreitet. Er freut sich über das erste schüchterne Erscheinen des Spargels, wenn er aus der geschmolzenen Butter hervorlugt, und über das erste sanfte Erröten der Karolinen-Erdbeeren zu 1 Dollar 50 die Schachtel, und er bemerkt, oder jedenfalls bemerkte er in den alten, über alles Erinnern schönen Tagen, das Schild »Heute Bockbier«, das ihm sagte, dass die ganze Natur glücklich sei.

Dies sind die Frühlingszeichen, die jeder Mann anerkennen kann. Sie sprechen für sich. In dieser Hinsicht bin ich so feinhörig wie jeder andere meiner Mitmenschen, auf den ersten Ruf des Frühlings zu lauschen. Ich sitze dann gern mit meinen Gesinnungsgenossen im Klub, warte auf sein Kommen und verkünde sein Nahen.

Aber für die andere Art Frühling, zu der man ein ganzes biologisches Textbuch braucht, habe ich weder Verwendung noch Sympathie.

Eduard Mörike

Er ist's

Frühling lässt sein blaues Band
Wieder flattern durch die Lüfte;
Süße, wohlbekannte Düfte
Streifen ahnungsvoll das Land.
Veilchen träumen schon,
Wollen balde kommen.
– Horch, von fern ein leiser Harfenton!
Frühling, ja du bist's!
Dich hab' ich vernommen!

Erich Kästner

Atmosphärische Konflikte

Die Bäume schielen nach dem Wetter.
Sie prüfen es. Dann murmeln sie:
»Man weiß in diesem Jahre nie,
ob nun raus mit die Blätter
oder rin mit die Blätter
oder wie?«

Aus Wärme wurde wieder Kühle.
Die Oberkellner werden blaß
und fragen ohne Unterlaß:
»Also, raus mit die Stühle
oder rin mit die Stühle
oder was?«

Die Pärchen meiden nachts das Licht.
Sie hocken Probe auf den Bänken
in den Alleen, wobei sie denken:
»Raus mit die Gefühle
oder rin mit die Gefühle
oder nicht?«

Der Lenz geht diesmal auf die Nerven
und gar nicht, wie es heißt, ins Blut.
Wer liefert Sonne in Konserven?
Na, günstigen Falles
wird doch noch alles
gut.

Es ist schon warm. Wird es so bleiben?
Die Knospen springen im Galopp.
Und auch das Herz will Blüten treiben.
Drum, raus mit die Stühle
und rin mit die Gefühle,
als ob!

Joseph von Eichendorff

Frische Fahrt

Laue Luft kommt blau geflossen,
Frühling, Frühling soll es sein!
Waldwärts Hörnerklang geschossen,
Mut'ger Augen lichter Schein,
Und das Wirren bunt und bunter
Wird ein magisch wilder Fluss,
In die schöne Welt hinunter
Lockt dich dieses Stromes Gruß.

Und ich mag mich nicht bewahren!
Weit von Euch treibt mich der Wind,
Auf dem Strome will ich fahren,
Von dem Glanze selig blind!
Tausend Stimmen lockend schlagen,
Hoch Aurora flammend weht,
Fahre zu! ich mag nicht fragen,
Wo die Fahrt zu Ende geht!

Theodor Fontane

Frühling

Nun ist er endlich kommen doch
In grünem Knospenschuh;
»Er kam, er kam ja immer noch«,
Die Bäume nicken sich's zu.

Sie konnten ihn all erwarten kaum,
Nun treiben sie Schuss auf Schuss;
Im Garten der alte Apfelbaum,
Er sträubt sich, aber er muss.

Wohl zögert auch das alte Herz
Und atmet noch nicht frei,
Es bangt und sorgt: »Es ist erst März,
Und März ist noch nicht Mai.«

O schüttle ab den schweren Traum
Und die lange Winterruh:
Es wagt es der alte Apfelbaum,
Herze, wag's auch du.

Joseph Roth

Rehabilitierung des deutschen Frühlings

Am Potsdamer Platz sah ich in den ersten Märztagen ein paar Frauen, Blumenverkäuferinnen mit Schneeglöckchen. Die Frauen hatten dicke Leiber und Unterröcke angezogen, denn es war kühl, und starke Frauen können viel weniger frische Luft vertragen denn zarte Schneeglöckchen. Das ist eigentlich sehr merkwürdig.

Ich war sehr erfreut, als ich die Schneeglöckchen sah, und hätte mir sicherlich zwei oder drei Sträuße gekauft. Aber die Blumenverkäuferin rief: »Erste Frühlingsboten um eine Mark!« Sie sagte diesen Satz so nüchtern, als böte sie Schmirgelpapier an. Sie wusste offenbar nicht, was Schneeglöckchen sind. Sie verkaufte »Frühlingsboten«. Sie verkaufte eine sentimentale Phrase. Und diese Geschäftstüchtigkeit einer Kleinhändlerin in Lyrik machte, dass ich nicht Schneeglöckchen sah, sondern Schmirgelpapier.

Ich hebe die ersten Frühlingsboten, die Schneeglöckchen. (Sie sind wie ein liegengebliebener Windhauch, der Körper geworden ist, ärmer denn Primeln – denn ihre Farbe ist nur eine arme Ahnung von Weiß, das Kindheitsalter der weißen Farbe überhaupt.) Ich glaube sogar bestimmt, dass sie wirklich die allerersten Frühlingsboten sind. Aber sie sind nicht die »garantiert« ersten und können also nicht um eine Mark angeboten werden. Frühlingsboten dürfen eben nicht so mir nichts, dir nichts in den Straßenhandel gelangen.

Ich musste über die Blumenverkäuferin nachdenken und fand, dass sie diese »Frühlingsboten« ganz bestimmt von irgendeinem deutschen Dichter herhatte. Und ich beklage das Los der deutschen Dichter tief inniglich: Ihrer Werke bemächtigen sich Handel und Industrie, und ihr Gesang wird zur patentierten Schuhmarke. Und ebenso wie den deutschen Dichtern ergeht es auch dem Frühling.

Ich glaube: das sentimentale »Kunstgewerbe« ist eine deutsche Angelegenheit. Das Volk der Dichter konnte die »Kunst« nicht lassen, nachdem es zum Volk des »Gewerbefleißes« geworden war. Der Deutsche empfand die bittere Notwendigkeit, auch noch um den nüchternsten Kochapparat einen lieblichen Vers zu schmieden. Daher kannst du auf Porzellangeschirren das arithmetische Treuegelöbnis lesen: »Ich bleib' dir 3,4 und 4«; auf Biergläserunterlagen aus Pappkarton: »Ein guter Trunk macht Alte jung«; auf Handtüchern, die – sollte man glauben – zum Trocknen auf dem Regal über einer Waschschüssel hängen, flattert leichtsinnig ein Wiedehopf innerhalb eines Vergissmeinnichtkranzes, in den die Hausfrau zwei der bravsten Jahre ihres Lebens hineingewoben, und piepst »Guten Morgen!« ohne Rücksicht auf Tageszeit und Stundenschlag.

Mit Grausen denke ich an große Warenhäuser: Da führt eine Stiege, in Purpur gehüllt, marmorn und goldverziert, breit empor. Du steigst mit frommem Schauder hinan, übst dich innerlich in Hofknicks und Demut, denn gewisslich fuhrt diese Stiege zu Gottes oder eines seiner Stellvertreter Thron. Aber siehe da: Bereits auf dem letzten Treppenabsatz fängt der Handel mit Schnürsenkeln an.

Diese Verquickung von Majestät und Schnürsenkeln, diese Pathetik im Liftboy, diese Lyrik im Bierglasergeschirr, dieser Handel mit Frühling und Sehnsucht haben den Glauben der Geschmacksnerven an die Echtheit menschlichen Naturgefühls so tief verletzt, dass er zu Skepsis und Ironie wurde.

Wenn eine Blumenverkäuferin Frühlingsboten um eine Mark feilbietet, so sehe ich – ich kann nicht anders – Schmirgelpapier. Nichts als Schmirgelpapier.

Gewaltig überwuchert die Phrase Wirklichkeit und Gefühl. Für die religiösen Bedürfnisse der Seele ist überraschend gesorgt. Stimmungen werden franko ins Haus geliefert und gegen Nachzahlung.

»Sinnig« blühen Handel, Gewerbe und Industrie. Für jede Andachtsregung ist das Klischee bereit. Schneeglöckchen sind »Frühlingsboten«. Basta!

Und umgekehrt: Jede Patenthosenkapsel enthält Lyrik. Bist du Bierbrauer? – Hopfen und Malz, Gott erhalt's. Sind's die Augen, geh zum Optiker. Erzeugst du Krüge: Ein guter Trunk aus gutem Krug, trink, und du hast nie genug.

Wahrscheinlich hat jede Fabrik neben ihrem Direktor, ihrem Arzt, ihrem Rechtsanwalt auch ihren Lyriker. Und der liebe Gott, auch so eine Art Fabrikant, hat gewiss mehrere. Gott produziert nämlich »Frühlingsboten«.

Aber ich möchte versuchen, den deutschen Frühling zu rehabilitieren. Den »Frühling« von seinen Anführungszeichen zu befreien. Und nachzuweisen, dass die Schneeglöckchen wirklich die ersten Frühlingsboten sind.

Vor einigen Tagen sah ich nach langer Zeit eine Landstraße wieder. Sie stieg sachte hinan, als getraute sie sich nicht recht, und es sah aus, als würde sie nach vielen tausend Jahren erst so hoch werden, dass man, auf ihr fortschreitend, mit ausgestreckter Hand den Hemdzipfel einer Wolke würde erwischen können. Die Meilensteine standen weiß und nackt und ein bisschen furchtsam hart über den Straßengraben und hatten Nummern wie Sträflinge.

Manchmal auch wartete ein kleines Haus am Straßenrand, als hätte es sich weit fort von seiner Stadtfamilie verirrt. Und rechts dämmerte ein Wald herüber, und wenn ich nicht irre, pfiff sogar eine Amsel.

Alle Sträucher und die Weidenruten und da und dort ein Kastanienbaum hinter einem Gartenzaun hatten zweifellos grüne Knospen. Im Wald ruhte gedämpftes Sonnenlicht auf den Stämmen, aber es sah aus, als wären die Bäume von innen erleuchtet und als trüge jeder Baumstamm in seinem Innern eine eigene kleine Sonne.

Die Erde atmete eine linde Wärme aus, und ich fand auf ihr ein paar, wahrscheinlich die letzten Schneeglöckchen. Sie wuchsen umsonst, und ich glaube: Schneeglöckchen sind wirklich die ersten Frühlingsboten.

Und der Frühling ist nicht nur da, wenn in den Schaufenstern der Modehäuser Frühjahrsdamenhüte auf Holzstängeln erblühen und vor dem Literatencafé die Veranda sich auftut: Sondern es gibt noch einen anständigen Frühling, eines Eichendorff und eines Uhland würdig.

Und die Lyrik gehört nicht in die Zigarettenfabrik.

Rainer Maria Rilke

Frühling ist wiedergekommen

Frühling ist wiedergekommen. Die Erde
ist wie ein Kind, das Gedichte weiß;
viele, o viele ... Für die Beschwerde
langen Lernens bekommt sie den Preis.

Streng war ihr Lehrer. Wir mochten das Weiße
an dem Barte des alten Manns.
Nun, wie das Grüne, das Blaue heiße,
dürfen wir fragen: sie kanns, sie kanns!

Erde, die frei hat, du glückliche, spiele
nun mit den Kindern. Wir wollen dich fangen,
fröhliche Erde. Dem Frohsten gelingts.

O, was der Lehrer sie lehrte, das Viele,
und was gedruckt steht in Wurzeln und langen
schwierigen Stämmen: sie singts, sie singts!

Christian Morgenstern

Frühlingsahnung

Rosa Wölkchen überm Wald
wissen noch vom Abendrot dahinter –
überwunden ist der Winter,
Frühling kommt nun bald.

Unterm Monde silberweiß,
zwischen Wipfeln schwarz und kraus
flügelt eine Fledermaus
ihren ersten Kreis …

Rosa Wölkchen überm Wald
wissen noch vom Abendrot dahinter –
überwunden ist der Winter,
Frühling kommt nun bald.

Johann Wolfgang von Goethe

Frühzeitiger Frühling

Tage der Wonne,
Kommt ihr so bald?
Schenkt mir die Sonne,
Hügel und Wald?

Reichlicher fließen
Bächlein zumal.
Sind es die Wiesen,
Ist es das Tal?

Blauliche Frische!
Himmel und Höh'!
Goldene Fische
Wimmeln im See.

Buntes Gefieder
Rauschet im Hain;
Himmlische Lieder
Schallen darein.

Unter des Grünen
Blühender Kraft
Naschen die Bienen
Summend am Saft.

Leise Bewegung
Bebt in der Luft,
Reizende Regung,
Schläfernder Duft.

Mächtiger rühret
Bald sich ein Hauch,
Doch er verlieret
Gleich sich im Strauch.

Aber zum Busen
Kehrt er zurück.
Helfet, ihr Musen,
Tragen das Glück!

Saget, seit gestern
Wie mir geschah?
Liebliche Schwestern,
Liebchen ist da!

Joachim Ringelnatz

Frühling

Die Bäume im Ofen lodern.
Die Vögel locken am Grill.
Die Sonnenschirme vermodern.
Im Übrigen ist es still.

Es stecken die Spargel aus Dosen
Die zarten Köpfchen hervor.
Bunt ranken sich köstliche Rosen
In Faschingsgirlanden empor.

Ein Etwas, wie Glockenklingen,
Den Oberkellner bewegt,
Mir tausend Eier zu bringen,
Von Osterstören gelegt.

Ein süßer Duft von Havanna
Verweht in ringelnder Spur.
Ich fühle an meiner Susanna
Erwachende neue Natur.

Es lohnt sich manchmal, zu lieben,
Was kommt, nicht ist oder war.
Ein Frühlingsgedicht, geschrieben
Im kältesten Februar.

Franz Hessel

An den Frühling

Wehender Flieder,
Lebst du noch nicht? Starbst du schon wieder?

Alfred Polgar

Verehrte Jahreszeit,
von Ihnen hat man nicht viel. Es kommt mir bisweilen vor, als ob es Sie in unserer Jugend ausführlicher gegeben habe, damals, als wir Sie und Ihre drei Kollegen so deutlich unterschieden. Jetzt kann ich Sie oft nur auf dem Kalender konstatieren. Heuer zum Beispiel bekomm ich Sie vor lauter Kälte kaum zu sehn, zu hören oder zu riechen. Die erforderlichen Wärmesendungen bleiben aus wie Kohle streikender Gruben. Wir leben offenbar in Zeiten, in denen man auch mit kosmischen Ausständen rechnen muss.

Wie hab ich heut wieder in strahlender Sonne gefroren, als ich Helga, die durchaus Schauspielerin werden will – sie hat auch viel Beziehungen und Aussichten –, in die Theaterprüfung begleiten musste. Vor der hatte sie solche Angst. Wenn sie aber wüsste, es sitzt im Parkett ein guter alter Freund und hält ihr den Daumen, dann würde sie ihre Sache ohne Herzbeklemmung machen.

Ich hielt es also für meine Pflicht mitzukommen. Wir gingen durch Eiswind und beißendes Licht den Schiffbauerdamm entlang. Unterwegs erzählte sie mir ihr Pech mit dem Hans. Den kannte ich noch nicht. Sie liebt ihn doch so sehr. Er ist ein reizender Bursche, zur Zeit immer noch Edelkomparse beim Film. Aber wenn die Leute ein Einsehn haben, wird ers bald zum Star bringen.

Es war alles so gut zwischen ihnen gewesen. Als aber neulich Chaplin in Berlin war, wollte sie den furchtbar gern aus der Nähe sehn, vielleicht ein Wort aus seinem Munde hören, ein Wort vielleicht an sie gerichtet. Was war zu tun? Sie musste sich an jemand wenden, der ihr da helfen konnte. Pieter –, »du weißt doch, der gute Pieter, der immer so reizend zu Künstlern ist« (ich wusste nicht und schwieg) –, Pieter verschaffte ihr die Nachbarloge im Metropol und ließ ihr den Blumenkorb hinschicken, den sie dann nachher, falls Chaplin wirklich kam, so ganz zufällig überreichen konnte.

Sie wollte, dass Hans sie begleite. Hans dachte nicht daran. Hans war wütend. Aber das mit dem Blumenkorb glückte. »Thank you so much«, sagte der Süße, als sie mit einmal im Gang vor ihm stand. Sie konnte gar nichts sagen. Es war solch ein Erlebnis. Etwas, das wir andern Menschen einfach nicht begreifen können. Und als er ihr dann die Hand reichte und noch einmal danke sagte, auf Deutsch: »Danke« – da war etwas nur zwischen ihnen beiden, nein, das lässt sich nicht mit Worten sagen. Für Helga ist es ein dauernder Besitz.

Aber eben – der Hans hat es ihr furchtbar übelgenommen. Und denkt sich allerlei. Nicht von Chaplin, aber von dem Pieter. Ob ich so etwas verstehe? Ich verstand es nicht.

Wir waren am Ziel und saßen unter blässlichen Aspiranten im Zuschauerraum. Auf der Bühne war als Dauerszenerie ein Gebälk mit kosenden Taubenpärchen über Tür und Fenster. Ein paar Stühle und Tische standen herum. Sehr einschüchternd war der Taumelsteg aus Planken, auf denen die Prüflinge steil übers leere Orchester zu den bedeutungsvollen Brettern gelangten.

Aus dunkler Tiefe, wo um Irrlichterlampen die Richter sitzen, fahren präzise Fragen zu den Kunstkandidaten hinauf: »Bei wem gelernt? Wie lange?«

Ach, der arme junge Mann mit kleiner Krawatte, der den leiblichen Herrgott aus *Jedermann* vormacht, wie bang wird ihm vor seiner eigenen Gottheit. Und dann im Cutaway der düstre Mortimer vor einer imaginären Maria Stuart: Als er ihr Roms Herrlichkeit verkündet hat, erwidert statt ihrer eine Richterin unten bei den Irrlichtern: »Haben Sie nicht etwas Blonderes?« Da wird er gleich geharnischter Ritter Raoul, hat sechzehn Fähnlein aufgebracht, lothringisch Volk, und stolpert über die schrecklichen Worte und Orte Baudricour und Vaucouleurs, Vermonton und Yonne, die schon Schillern selber so fremd waren. Als es zuletzt in seinem Munde »ein Schlachten war und keine Schlacht zu nennen«, rät man ihm zum jugendlichen

Bonvivant. Und dem schmalen Riesen, der im Eifer seiner Johannisfeuerrede fragt: »Stößt keiner mit mir an?«, schallts aus der Tiefe abschneidend entgegen: »Danke schön!«

Dann kam Helga dran. Sie warf mir ihr Mäntelchen auf den Schoß und ging schottisch kariert auf die Bühne, die niedliche, um die heilige Johanna vor Gericht zu mimen. Sie hat gedacht, das passt gut, weil sie hier wie im Stück vor Richtern steht. Aber es wird schwer, ihr zu glauben, sie sei nicht als Weib gekleidet. Munter sieht sie drein, und nach einer Weile fragen die Gestrengen: »Haben Sie nichts Lustiges?« Sie möchte lieber ernst bleiben. Sie will durchaus den Mund des toten Jochanaan küssen. Sie kniet und ringt die Hände. Es ist ein gar erbärmlich Schicksal. Zumal alles im Unbestimmten bleibt: Das Schweigen der Richter ist nicht zu enträtseln. Helga kommt verzweifelt in ihren Mantel zurückgekrochen.

Und gleich wollte sie fort. Ich wäre natürlich, einmal hier, gern noch geblieben. Es stand gerade ein festes Mädel auf der Bühne und sprach tapfer schlesisch aus den *Webern*, hieß die Männer »Lappärsche« (wobei ich an jene Münchnerin in einer frühen Weber-Aufführung im Akademisch-dramatischen Verein denken musste, die dies Wort so prächtig falsch betonte). Doch nun sollte ich Helga in das Cafe begleiten, in dem die Edelkomparsen eine Art fliegende Filmbörse haben. Vielleicht, dass der Hans ... Aber unterwegs wurden wir von Penka aufgegriffen. Rot wehte ihr

Schopf über bescheidenem Kaninkragen im Friedrichstraßenwind.

»Ohne Katja?«, fragte Helga verwundert.

»Ich allein heut Filmbörse warten«, sagte die Bulgarin. »Katja schon angenommen Babelesberg.«

Penka ist erst ein paar Monate von der bulgarischen Heimat fort, aber sie verfügt bereits über eine Anzahl deutscher Vokabeln; das Fehlende ersetzt Gebärdespiel. So jung sie ist, sie war schon Schauspielerin. »Als in Androkul und Löwe spielte«, pflegt sie zu erzählen und schüttelt dabei die Mähne, als habe sie den Löwen gegeben. Zur Zeit versucht sie es mit dem Film. »Gehst du auf die Russenbörse?«, fragte Helga. Penka schüttelte entrüstet: »Ich nicht wilde Börse, ich gutte Börse!« Und dann führt sie uns zu dem großen Haus mit den vielen Arbeitsämtern. »Wolltest du nicht eigentlich in das Cafe zu dem Hans?«, fragte ich Helga leise.

»Ach, der dumme Hans, den hat mir der Frühling weggeweht.« Wir betreten die Filmbörse. In dem einen Saal warten die Männer, im andern die Frauen, und im Mittelgang ist hinter Schranken das Büro. Mit seinen kahlen Tischen und Kartotheken sieht es auf den ersten Blick etwas düster aus. Aber da sitzt *gute Frau*, wie Penka sie nennt. Und wenn man mit der spricht, wirds gleich heller und freundlicher.

Während Helga mit Penka zu den Frauen hinübersteuert, darf ich mich eine Zeitlang zu *gute Frau* setzen und zusehn, wie sie Hilfsbedürftige empfängt, ihnen Ratschläge gibt und sie die Personalbogen ausfüllen lehrt. (Vor- und Zuname: Käte Schmidt, Künstlername: Cara Sovretta usw.) Alle lieben sie, und sie behält jedes Gesicht und Schicksal. Da kommt der Alte mit dem kupfrigen Gesicht; eisengraue Locken kränzen den Kahlkopf. »Wie gehts Coco?«, fragt sie. Coco ist sein Papagei und Mitarbeiter. Oh, er hat noch mehr Tiere, einen Pavian, einige Schlangen, einen Alligator, und früher hatte er manchmal eine ganze Menagerie. Er haust gut zusammen mit Tieren, besser als mit Menschen. Ihm zuliebe vertragen sie sich untereinander. Er braucht ihnen nur in die Augen zu sehn. Er spricht im sonoren Ton der alten Schauspielerschule. Vor Jahren war er selbst auf der Bühne und eine Zeitlang Theaterdirektor in Pommern. Von den Brettern will er jetzt nichts mehr wissen. Er erhebt die wackeren roten Wärterhände. »Lieber geh ich mit meinen Tieren auf Wanderschaft. Ich produziere sie nicht auf Varietés, nein, in wissenschaftlichen Gesellschaften. Da zeig ich den Herren Professoren, wie die Seele des Tieres beschaffen ist, wie der Wille sich magisch überträgt. Liebe ist die beste Dressur.« Nun wird er sich hinüberbegeben in den Männersaal und warten, ob man ihn und die Seinen brauchen kann. »Wie oft hat mein reicher Freund in Oberglogau zu mir gesagt: Warum wirfst du nicht den ganzen Krempel hin und kommst mit Coco zu mir? – Coco liebte er nämlich. – Aber nein. Solang ich wohl selbst für meine Tiere sorgen kann, verlier ich den Mut nicht. Und ihnen kann nichts geschehen. Der Postbote hat Anweisung, wenn ich morgens um neun einmal nicht mehr öffne, soll er die Behörde benachrichtigen. Dann finden sie auf meinem Tisch ein Testament mit genauen Bestimmungen.«

Inzwischen hat sich dem Mitarbeiter von *gute Frau* ein Neuer genähert. Mit fettweißem Gesicht und üppigen Schultern neigt er sich über den Tisch, weist Diplome und Bilder vor und sagt ein längeres Sprüchlein her. Nicht nur, dass er verschiedene noch unbekannte Tricks besitzt, er beherrscht auch eine Reihe von Sprachen, das Englische, Französische, Ungarische, ferner Pariser Patois und Genueser Hafendialekt. Von Letzterem gibt er gleich im selben Satz stoßweise ein paar erschreckende Beispiele. Obendrein ist er Damenimitator, was er mit hoher Stimme kundtut. Er greift in die Brusttasche und illustriert seine Verwandlungsfähigkeit mit Bildern in Frauentracht. Alles wird sorglich notiert, wenns auch nicht direkt mit Film etwas zu tun hat. Mit einmal ist Helga neben mir, legt mir die Hand auf die Schulter. »Bitte verlass mich nicht«, flüstert sie. »Der Hans soll hier gewesen sein und wiederkommen. Du verstehst, ich möchte dann nicht allein sein …«

Natürlich verstehe ich, ich verstehe immer. Ich folge Helga ins Frauengelass, wo Penka mit Schicksalsgenossinnen Karten spielt. Nachdem mit raschem Blick konstatiert worden ist, dass ich kein Regisseur bin, werde ich weiter nicht beachtet. Am Nebentisch die älteren Damen vertreiben sich die Wartezeit nicht mit eitlem Spiel, sie machen Handarbeiten. Nur eine Rostrote löst böse mit gezücktem Bleistift ein Kreuzworträtsel. Und die Stattlichste sitzt mit der Stuhllehne gegen den Tisch, einem imaginären Publikum zugekehrt – eine Diva, die ihre Haltung aus dem Chor der Gefährtinnen hervorhebt. Sie fängt ein Gespräch mit uns an. Sie scheint von früher her gewohnt, mit der Presse zu verkehren. Am alten Lessingtheater noch vor Brahms Zeiten hat sie debütiert. Wie schlank sie damals war, können wir uns nach dem Vorhandenen (sie zeigt auf Bestandteile) kaum vorstellen. Ihr besonderes Fach war die Naive, aber Freunde entdeckten ihre Begabung für Charge. Und so kam sie ans Kabarett. Die besten Chansons wurden ihr auf den Leib geschrieben. »Nach Willy Prager bin ich aufgetreten. Eine Villa hatte ich damals im Süden. Tempi passati. Heut muss man zusehn, was man kriegt. Aber ich sage mir immer: Kopf oben behalten, Miez ...!«

Man tuschelt neben ihr. Sie neigt das Ohr hin, greift dann schnell nach einem Kissen, von dem sie ihre Häkelarbeit wegstreift, und stopft es unter die wollne Bluse vor die so schon stattliche Brust. Warum? Es kommt ein Regisseur, der *dicke Dame* sucht. Leider hat die Gute kein Glück. Die geübten Augen des Herumspähenden haben schon eine Aspirantin von natürlicherem Riesenumfang gefunden. Die folgt ihm ins Büro. Ich neugierig hinterdrein. Mit gigantischer Betulichkeit neigt sie sich über seinen Notizblock. Er sieht sie schon nicht mehr. Sein matter sachlicher Blick wandert weiter. Er telephoniert: »Jawohl, Reisekostüm, vielleicht mit kleiner Handtasche. Sie haben selbst? Umso besser. Aber elegant, verstanden? Nicht so 'n Plaidpaket wie's vorige Mal.«

Er geht zu den Männern hinüber. Ich folge. Wie sie sich aufrichten vom Tarock, die Herren Charakterköpfe! Der mit der Tabakspfeife wird ganz Genrebild! Ein faltiges Gelehrtengesicht setzt Alchimistenmiene auf. Aber der Mächtige wählt einen Bart, einen richtigen Schusterbart, der selbst ganz überrascht ist. Am Büfett bricht ein Streit aus. »Was tust du denn hier? Bist ja nicht eingetragen?«

»Ich bin *Mann auf der Straße*«, verteidigt sich der Angegriffene, ein Blasser mit schütterem Bart. Er zerrt seinen abgeschabten Mantel aus den Händen der Gegner, flieht zum Ausgang und wird dort von einem Hereinstürmenden beinah umgerannt.

Ein strahlend junger Bursche, der triumphierend umherschaut. Das muss der Hans sein. Denn schon liegt Helga in seinen Armen. Ein Engagement lacht ihm aus den Augen. Darüber scheint aller Groll vergessen. Sie ist fort mit ihm, ohne sich nach mir umzusehn.

Müde komm ich an müden Gesichtern entlang zu Penka. Die Bulgarin wiegt traurig das Köpfchen. »Schöne Mädchen heut nicht gefragt. Morgen wieder hier. Jetzt nach Hause kochen für Katja, Katja hungrig Babelesberg.«

Hätte ich Penka begleiten sollen? Ach, Frühling, du machst mich so alt. Ich ließ sie stehn. Mit hochgestelltem Kragen duckte ich unter Schneegeriesel heimwärts. Als ich ein paar Minuten unterwegs war, stach wieder die Sonne, späte sinkende Sonne, und aus einem offnen Auto winkte mir Helgas Hand zu. »Himmlischer Frühling!«, rief sie. Mich fror.

Himmlischer Frühling, ich werde mir einen steifen Grog brauen dir zu Ehren, du Edelkomparse mit Engagement. So plötzlich begegne ich dir immer und so kurz. Neulich war es in einem spärlichen Garten der Vorstadt, da wo die Plätze nach Heidelberg, Deidesheim und andern westlichen Glücksgegenden heißen. Da knietest du zwischen Beeten, die Sternblümchen trugen. Du warst als Mädchen gekleidet, aber deine Knabennatur äußerte sich spöttisch: Das Blütenzupfen überließest du mir. Und ein paar Tage Drauf wurdest du vom heißen Sportplatz fortgetragen. Deine Stirn blutete. Ein Ball hatte sie getroffen, ich weiß nicht, ob du ein Spieler warst oder nur ein Balljunge. So jung sahst du aus.

Du warst schön wie jener Hyakinthos, von dem das Apollomärchen erzählt. Mit dem Knaben jagte der Gott gern in den Wäldern, und auf dem Feld ergötzte er sich mit ihm an Spielen. Einst um Mittag schleuderten sie Diskos. Apoll warf die eherne Scheibe hoch in die Wolken. Als sie zurück zur Erde fiel, eilte der Knabe hastig hinzu, wetteifernd seinen Wurf zu tun. Da sprang die niedergesauste abprallend vom Boden empor. Die Erde selbst schleuderte sie dem Kind ins Gesicht. Um Hyakinthos wars geschehn. Wie Veilchen und Krokus und Lilie, im Garten abgepflückt, das welkende Haupt senken, so welkte im Arm des verdüsterten Gottes das Antlitz des Knaben. Ja, dann kommt die Sage und rettet, was zu retten ist. Aus dem Blut, das aufs Gras verströmt, lässt sie die Blume sprießen, die des Knaben Namen trägt. Und die Frommen in Sparta feierten ihm zu Ehren Feste. Am ersten Tag ein Totenopfer ohne Sang und Klang. An den folgenden Tagen aber gab es fröhliche Züge, Schmaus und Flötenspiel. In die Sterne wurde er wohl auch noch versetzt, der Verlorengegangene. Aber was hilfts? Er ist immer wieder hin.

Etwas lange habe ich Sie mit persönlichen Angelegenheiten unterhalten, verehrter, schwer zu greifender Begriff. Und kann Sie doch nicht festhalten. Man hat es nicht leicht mit Ihnen, Herr Lenz, Monsieur Printemps, Mister Springtime. Das nächste Mal wollen wir besser auf Sie aufpassen.

Heinrich Heine

Neuer Frühling

In dem Walde sprießt und grünt es
Fast jungfräulich lustbeklommen;
Doch die Sonne lacht herunter:
Junger Frühling, sey willkommen!

Nachtigall! auch dich schon hör' ich,
Wie du flötest seligtrübe,
Schluchzend langgezogne Töne,
Und dein Lied ist lauter Liebe!

Leise zieht durch mein Gemüth
Liebliches Geläute.
Klinge, kleines Frühlingslied,
Kling' hinaus in's Weite.

Kling' hinaus, bis an das Haus,
Wo die Blumen sprießen!
Wenn du eine Rose schaust,
Sag' ich lass' sie grüßen.

Kurt Tucholsky

Der Lenz ist da!

Das Lenzsymptom zeigt sich zuerst beim Hunde,
dann im Kalender und dann in der Luft,
und endlich hüllt auch Fräulein Adelgunde
sich in die frischgewaschene Frühlingskluft.

Ach ja, der Mensch! Was will er nur vom Lenze?
Ist er denn nicht das ganze Jahr in Brunst?
Doch seine Triebe kennen keine Grenze –
dies Uhrwerk hat der liebe Gott verhunzt.

Der Vorgang ist in jedem Jahr derselbe:
man schwelgt, wo man nur züchtig beten sollt,
und man zerdrückt dem Heiligtum das gelbe
geblümte Kleid – ja, hat das Gott gewollt?

Die ganze Fauna treibt es immer wieder:
Da ist ein Spitz und eine Pudelmaid –
die feine Dame senkt die Augenlider,
der Arbeitsmann hingegen scheint voll Neid.

Durch rauh Gebrüll lässt sich das Paar nicht stören,
ein Fußtritt trifft den armen Romeo –
mich deucht, hier sollten zwei sich nicht gehören ...
Und das geht alle, alle Jahre so.

Komm, Mutter, reich mir meine Mandoline,
stell mir den Kaffee auf den Küchentritt. –
Schon dröhnt mein Bass: Sabine, bine, bine ...
Was will man tun? Man macht es schließlich mit.

Gottfried Keller

Frühlingsluft

Der Frühling war gekommen; schon lagen viele Frühpflanzen, nachdem sie flüchtige schöne Tage hindurch mit ihren Blüten der Menschen Augen vergnügt, nun in stiller Vergessenheit dem stillen Berufe ihres Reifens, der verborgenen Vorbereitung zu ihrer Fortpflanzung ob. Schlüsselblümchen und Veilchen waren spurlos unter dem erstarkten Grase verschwunden, niemand beachtete ihre kleinen Früchtchen. Hingegen breiteten sich Anemonen und die blauen Sterne des Immergrün zahllos aus um die lichten Stämme junger Birken, am Eingange der Gehölze, die Lenzsonne durchschaute und überschien die Räumlichkeiten zwischen den Bäumen, vergoldete den bunten Waldboden; denn noch sah es hell und geräumig aus, wie in dem Hause eines Gelehrten, dessen Liebste dasselbe in Ordnung gebracht und aufgeputzt hat, ehe er von einer Reise zurückkommt und bald alles in die alte tolle Verwirrung versetzt. Bescheiden und abgemessen nahm das zartgrüne Laubwerk seinen Platz und ließ kaum ahnen, welche Gewalt und Herrlichkeit in ihm harrte. Die Blättchen saßen symmetrisch und zierlich an den Zweigen, zählbar, ein wenig steif, wie von der

Putzmacherin angeordnet, die Einkerbungen und Fältchen noch höchst exakt und sauber, wie in Papier geschnitten und gepresst, die Stiele und Zweigelchen rötlich lackiert, alles äußerst aufgedonnert. Frohe Lüfte wehten, am Himmel kräuselten sich glänzende Wolken, es kräuselte sich das junge Gras an den Rainen, die Wolle auf dem Rücken der Lämmer, überall bewegte es sich leise mutwillig, die losen Flocken im Genicke der jungen Mädchen kräuselten sich, wenn sie in der Frühlingsluft gingen, es kräuselte sich in meinem Herzen.

Kurt Tucholsky

Frühlingsvormittag

Natürlich kommst du erst einmal ein Viertelstündchen zu spät – und dann musst du lachen, wie du mich da so an der Uhr stehen siehst, und dann sagst du: »Die Uhr geht überhaupt falsch!« Uhren, an denen sich Liebespaare verabreden, gehen immer falsch. Und dann gondeln wir los.

Das ist ein zauberischer Vormittag. Du trägst ein weich gefaltetes, weites Kleid, ganz hell, was dich noch blonder macht, einen kleinen Trotteur, wie ich ihn gernhabe, und deine langen, zarten Wildlederhandschuhe; du duftest ganz zart nach irgendetwas, was du als Lavendel ausgibst – und was das Verzaubertste an diesem hellen Tage ist –: Wir sprechen nicht ein einziges Mal von Zahlen. Es ist ganz merkwürdig und unberlinisch. Leider: ganz undeutsch.

Du sprichst von Kurland. Wie sich auf dem lettischen Bahnhof Männlein und Weiblein und Kindlein einträchtig in der Nase bohrten, der ganze Bahnhof bohrte in der Nase: Gendarmen, Bauern, Schaffner und Lokomotivführer. Ich finde, dass das dem Nachdenken sehr förderlich sei, und das willst du wieder nicht glauben. Doch. Der Ausdruck: »in der Nase grübeln ...« Weiter. Und dann erzählst du von den langen, langen Spaziergängen, die man in Kurland machen kann – und mir wird das Herz weit, wenn ich an das schönste Land denke, das wir beide kennen: Gottes proppрer Protzprospekt für ein unglücklicherweise nicht geliefertes Deutschland.

Und dann gehen wir an kleinen Teichen vorbei, an einem steht seltsamerweise nicht einmal eine Tafel mit: Verboten – und wir wundern uns sehr. Und du patschst mit deinen neuen Lackhalbschuhen (du freundliche Mühlenaktie!) in einen Tümpel, und ich bin an allem schuld – und überhaupt. Aber dann ist das vorbei ...

Und in deinen Augen spiegelt sich der helle Frühlingstag, du siehst so fröhlich aus, und ich muss immer wieder darauf gucken, wie du dich bewegst.

Stefan Zweig

Praterfrühling

Wie ein Wirbelwind stürmte sie zur Tür herein. »Ist mein Kleid schon gekommen?«

»Nein, gnädiges Fräulein«, antwortete das Dienstmädchen, »ich glaube auch kaum, dass es heute noch kommen wird.«

»Natürlich nicht, ich kenne ja diese faule Person«, rief sie mit einer Stimme, in der schon ein verhaltenes Schluchzen zitterte. »Jetzt ist zwölf Uhr, um halb zwei sollte ich hinunterfahren, in den Prater zum Derby. Und wegen der blöden Person kann ich nicht! Und dazu noch dieses schöne Wetter!«

Und wild, in heller Wut, warf sie ihr schlankes Figürchen auf das schmale persische Sofa hin, das, mit Decken und Fransen überreich behängt, in einer Ecke des fantastisch geschmacklos ausgestatteten Boudoirs stand. Ihr ganzer Körper zitterte vor Ärger, dass sie nicht das Derby mitmachen konnte, bei dem sie doch als bekannte Dame und berühmte Schönheit eine der wichtigsten Rollen spielte. Und heiße Tränen rannen ihr zwischen den schmalen, schwerberingten Fingern herab.

So lag sie ein paar Minuten, dann richtete sie sich

ein wenig auf, sodass ihre Hand zu dem kleinen englischen Tischchen greifen konnte, wo sie ihre Pralinebonbons wusste. Mechanisch steckte sie eines nach dem andern in den Mund und ließ sie langsam vergehen. Und ihre schwere Müdigkeit, die durchschwärmte Nacht, das kühle Halbdunkel des Zimmers und ihr großer Schmerz wirkten zusammen in der Weise, dass sie langsam einnickte.

Ungefähr eine Stunde ruhte sie diesen leichten, traumlosen, halb noch wirklichkeitsbewussten Schlaf. Sie war sehr hübsch, wenn auch die Augen, die sonst in ihrer fröhlichen Unbeständigkeit ihre stärkste Attraktion bildeten, jetzt geschlossen waren. Und nur die feingestrichenen Augenbrauen gaben ihr ein mondänes Aussehen, sonst hätte man sie für ein schlafendes Kind halten können, so zierlich und ebenmäßig waren ihre Züge, von denen der Schlaf den Schmerz über die verlorene Freude genommen hatte.

Gegen ein Uhr erwachte sie, etwas überrascht, dass sie geschlafen hatte, und nach und nach erinnerte sie sich wieder an alles. Auf ihr heftiges, nervös wiederholtes Klingeln erschien wieder das Mädchen.

»Ist mein Kleid gekommen?«

»Nein, gnädiges Fräulein!«

»Diese elende Person! Sie weiß doch, dass ich es brauche. Jetzt ist es aus, jetzt kann ich nicht fahren.«

Und erregt sprang sie auf, lief einige Male im engen Boudoir auf und ab, dann steckte sie den Kopf zum Fenster hinaus, ob ihr Wagen schon gekommen sei.

Natürlich, der war da. Alles hätte gepasst, wenn nur diese verfluchte Schneiderin gekommen wäre. Und so musste sie zu Hause bleiben. Sie verbohrte sich nach und nach in die Idee, dass sie todunglücklich sei, wie keine zweite Frau in der Welt.

Aber es machte ihr beinahe ein Vergnügen, traurig zu sein, sie fand unbewusst einen eigenen Reiz darin, sich selbst zu kasteien. Und in dieser Anwandlung befahl sie dem Mädchen, ihren Wagen wegzuschicken, ein Befehl, der von diesem mit überschwänglicher Freude akzeptiert wurde, weil er am Derbytag ein herrliches Geschäft machen konnte.

Kaum sah sie aber schon das elegante Coupé in scharfem Trab davonfahren, als sie ihr Befehl schon wieder reute, und sie hätte ihn am liebsten selbst vom Fenster zurückgerufen, wenn sie sich nicht geniert hätte, denn sie wohnte im nobelsten Viertel Wiens, am Graben.

So, jetzt war's aus. Sie hatte Zimmerarrest, wie ein Soldat, dem das Verlassen der Kaserne strafweise untersagt ist.

Missmutig ging sie herum. Es war ihr hier so ungemütlich in diesem engen Boudoir, das mit allen möglichen Dingen, Schund ärgster Sorte und erlesenen Kunstwerken wahl- und stillos vollgepfropft war. Und dazu noch dieser Geruch, der aus zwanzig verschiedenen Parfüms zusammenkomponiert war, und dieser durchdringende Zigarettenduft, der an allen Gegenständen haftete. Zum ersten Mal kam ihr das alles so widerwärtig vor, und auch die gelben Romanbände Prevosts hatten heute für sie keinen Reiz, weil sie immer wieder an den Prater, ihren Prater, und an die Freudenau mit dem Derby dachte.

Und das alles nur, weil sie keine elegante Toilette hatte.

Es war zum Weinen. Gleichgültig gegen jeden Gedanken, lehnte sie im Fauteuil und wollte wieder schlafen, um so den Nachmittag totzuschlagen. Aber es ging nicht. Die Augenlider zogen doch immer wieder hinauf und sehnten sich nach Licht.

Dann ging sie wieder zum Fenster und blickte hinaus auf das Trottoir des Grabens, das heiß in der Sonne schimmerte, und auf die Menschen, die darauf eilten. Und der Himmel war so blau, die Luft so warm, dass ihre Sehnsucht nach dem Freien immer stärker und dringender wurde und immer lautere Stimmen fand. Und plötzlich kam ihr der Gedanke, allein in den Prater zu gehn, da sie ihn ja nicht missen konnte, um sich den Corso wenigstens anzusehen, wenn sie schon nicht mitfahren konnte. Dazu brauchte sie ja keine noble Toilette, ein einfaches Kleid war sogar besser, weil man sie da nicht erkennen konnte.

Der Plan wurde rasch zum Entschluss.

Sie öffnete ihren Kasten, um ihr Kleid zu wählen. Grelle, leuchtende, übermütige, schreiende Farben starrten ihr im bunten Wirbel entgegen, und es rauschte von Seide unter ihrer Hand, als sie die Wahl begann, die ihr recht schwer wurde, denn es waren fast nur Toiletten, die die prononcierte Absicht hatten, die Aufmerksamkeit auf sich zu lenken – gerade das, was sie heute vermeiden wollte. Endlich nach längerem Suchen flog auf einmal ein kindliches, frohes Lächeln über ihr Gesicht. Ganz in der Ecke, verstaubt und zerdrückt, hatte sie ein einfaches, fast ärmliches Kleid entdeckt, und nicht der Fund allein war es, was sie lächeln machte, sondern die Vergangenheit, die dieses Andenken lebendig machte. Sie dachte an den Tag, wie sie mit ihrem Geliebten aus dem Elternhause in diesem Kleidchen entflohen war, an das viele Glück, das sie mit ihm gehabt, und dann an die Zeit, wo sie es mit reichen Toiletten vertauscht hatte, als Geliebte eines Grafen und dann eines andern und dann vieler anderer ...

Sie wusste nicht, wozu sie es noch besaß. Aber sie freute sich darüber: Und als sie sich umgezogen hatte und in den schweren Venezianer Spiegel sah, da musste sie über sich lachen, so ehrbar, so bürgerlich-kindlich, so gretchenhaft sah sie aus ...

Nach einigem Herumkrabbeln fand sie auch den Hut, der zu diesem Kleid gehört hatte, dann warf sie noch einen lachenden Blick in den Spiegel, aus dem sie ein junges Bürgerfräulein im Sonntagsstaat ebenfalls lachend zurückgrüßte, und ging.

Mit dem Lächeln auf den Lippen trat sie auf die Straße.

Zuerst hatte sie das Gefühl, es müsse ein jeder an ihr bemerken, dass sie nicht das sei, was sie vorgäbe.

Aber die spärlichen Leute, die eiligst in der Mittagshitze an ihr vorüberschossen, hatten größtenteils keine Zeit, sie zu betrachten, und langsam fand sie sich in ihre neue Situation hinein und schritt nachdenklich die Rotenturmstraße hinab.

Alles lag hier im Sonnenlichte gebadet, blank und schimmernd da. Die Sonntäglichkeit war von den geputzten, fröhlichen Menschen auf Tier und Ding übergegangen, alles blitzte, blinkte, jubelte und grüßte ihr zu. Und sie starrte hinein in das bunte Treiben, das sie eigentlich niemals kennengelernt – »wie eine Landpomeranze«, sagte sie sich selbst, als sie vor Schauen und Betrachten beinahe in einen Wagen hineingelaufen wäre.

Nun gab sie wieder etwas mehr acht, aber wie sie in die Praterstraße gelangt war, da quoll wieder ihr Übermut frisch empor, als sie in einem eleganten Wagen, hart neben sich, einen ihrer Verehrer vorbeirollen sah, so nahe, dass sie ihn bei den Ohren hätte zupfen können, wie sie es am liebsten getan hätte. Er aber bemerkte sie nicht, weil er in vornehmer Weise nachlässig zurückgelehnt war. Da lachte sie so laut, dass er sich umwandte, und wenn sie nicht blitzschnell ihr Taschentuch sich ins Gesicht gepresst hätte, wäre sie ihm vielleicht doch nicht entgangen.

Fröhlich schritt sie weiter und war bald mitten im Menschengewühle eingedrängt, das in hellen Scharen am Sonntag zum Wiener Nationalheiligtume pilgert, in die Praterallee, die wie weiße Holzbalken in einem grünen Rasen durch die waldreichen, pfadlosen Praterauen gelegt sind. Und ihr Übermut ging in der freudigen Stimmung der Menge unbemerkt verloren, denn eine Sonntagsfröhlichkeit und Naturbegeisterung machte jeden die sechs staubigen, arbeitsschweren Wochentage vergessen, die den Sonntag umschließen.

Sie trieb in dieser Menge, wie eine einzelne Welle im Meer, plan- und ziellos, aber doch schäumend und sich überschlagend im kraftbewussten Jubel.

Beinahe freute sie sich schon darüber, dass die Schneiderin ihr Kleid vergessen hatte, denn sie fühlte sich hier so glückselig, so frei, wie nie in ihrem Leben, ähnlich wie in ihrer Kindheit, als sie den Prater kennenlernte.

Und da kamen wieder alle diese Erinnerungen und Bilder, aber von ihrer fröhlichen Stimmung wie mit einem lichtgoldenen Saum umwoben, sie dachte wieder an ihre erste Liebe, aber nicht in traurigem Trotz, wie an etwas, das man ungern berührt, sondern wie an ein Geschick, das man so gern noch einmal wiederleben möchte, diese Liebe, die man schenkt, nicht verkauft ...

In tiefen Träumen schritt sie weiter, und das Sprechen der Menge wurde ihr zum dumpfen Wogenbrausen, aus dem sie keinen einzelnen Laut vernahm. Sie war allein mit sich und ihren Gedanken, mehr, als sie es je gewesen war, wenn sie untätig in ihrem Zimmer auf dem schmalen persischen Divan lag und Zigarettenringe in die stille, stockende Luft blies ...

Plötzlich sah sie auf.

Zuerst wusste sie nicht, warum. Sie hatte nur eine dunkle Empfindung verspürt, die plötzlich einen Schleier über ihre Gedanken zog, der nicht zu entwirren war. Als sie jetzt aufblickte, bemerkte sie ein Paar Augen stetig auf sich gerichtet. Ihr weiblicher Instinkt hatte, obwohl sie nicht hingeblickt, doch diese Blicke richtig gedeutet, die sie aus ihren Träumen aufgestört.

Die Blicke kamen von einem Paar dunkler Augen, die in einem Jünglingsgesicht ihren Platz fanden, das sympathisch war durch den kindlichen Ausdruck, der trotz des stattlichen Bärtchens noch geblieben war. Die Tracht deutete auf einen Studenten hin, auch eine nationale Parteiblume, die im Knopfloch steckte, konnte diese Vermutung nur bestätigen. Ein Kalabreserhut, der schief die weichen, regelmäßigen Züge beschattete, gab diesem einfachen, fast gewöhnlichen Kopfe etwas Dichterhaftes, Ideales.

Ihre erste Bewegung war, verächtlich die Brauen zusammenzuziehen und stolz wegzublicken. Was wollte dieser gewöhnliche Mensch denn von ihr haben? Sie war doch kein Mädchen von der Vorstadt, sie war ...

Plötzlich hielt sie inne, und das übermütige Lachen glänzte wieder in ihren Augen. Sie hatte sich momentan wieder als Weltdame gefühlt und ganz vergessen, dass sie die Maskerade eines bürgerlichen Mädchens angelegt hatte, und kindisch freute sie sich darüber, dass die Verkleidung so gut gelungen war.

Der junge Mann, der das Lächeln als Avance für sich gedeutet hatte, trat näher an sie heran, sie unablässig mit den Augen fixierend. Vergebens bemühte er sich, seinen Zügen einen männlichen, siegesbewussten Ausdruck zu geben, den aber die Zaghaftigkeit und Unentschlossenheit immer wieder zunichtemachte. Und das war es gerade, was ihr an ihm gefiel, weil für sie Zurückhaltung und Reserviertheit vonseiten der Männer etwas Unbekanntes war. Das Kindliche, das in diesem jungen Menschen noch nicht verwaschen war, bot ihr etwas Unbekanntes, eine neue, in ihrer Natürlichkeit unvergleichliche Sensation. Es war für sie ein Lustspiel von unendlichem Humor, zu beobachten, wie der Student Dutzende Male die Lippen ansetzte, um sie anzusprechen, und immer wieder im entscheidenden Augenblicke absetzte, von Furcht und verschämter Angst erfasst. Und sie musste ganz fest auf die Lippen beißen, um ihm nicht ins Gesicht zu lachen.

Zu den guten Eigenschaften dieses Jünglings zählte noch die, dass er nicht blind war. Und so konnte er deutlich das verräterische Zucken um die feinen Mundwinkel bemerken, was seinen Mut bedeutend erhöhte.

Und ganz unvermittelt platzte er auf einmal mit der höflichen Frage heraus, ob er sie ein wenig begleiten dürfe. Motive gab er dazu keine an, schon aus dem höchst einfachen Grunde, weil er trotz angestrengtestem Nachdenken keine verwendbaren gefunden hatte.

Sie selbst war trotz seiner langwierigen Vorbereitungen im kritischen Momente der Fragestellung selbst überrascht. Sollte sie annehmen? Warum nicht? Nur nicht gleich jetzt daran denken, wie die Sache enden solle. Sie wollte, da sie schon im Kostüm war, die Rolle auch spielen; wie ein bürgerliches Mädchen wollte sie auch einmal mit ihrem Verehrer in den Prater gehn. Vielleicht war es sogar amüsant?

Sie beschloss also anzunehmen und sagte ihm, sie danke, er möge sie nicht begleiten, weil er zu viel Zeit verlieren würde. Das »Ja« lag in diesem Falle im Kausalsatz.

Er verstand dies auch sofort und trat an ihre Seite.

Bald kam ein Gespräch in Fluss.

Er war ein junger, lustiger Student, noch nicht allzu viel Jahre dem Gymnasium entronnen, von dem er ein hübsches Stückchen Übermut ins Leben mitgenommen hatte. Erlebt und erfahren hatte er noch wenig, geliebt zwar nach Knabenweise unendlich viel, aber »die Abenteuer«, nach denen sich die meisten jungen Leute sehnen, waren ihm sehr, sehr selten, wenn nicht niemals passiert, weil ihm die aggressive Keckheit, die Hauptbedingung für solche Erlebnisse, fehlte. Seine Liebe war meistens im bloßen Schmachten steckengeblieben, das behutsam aus der Ferne bewundert und sich in Gedichten und Träumen verliert.

Sie hingegen wunderte sich über sich selbst, was sie mit einem Male für eine Plaudertasche geworden war, um was für Dinge sie sich zu kümmern begann – und wie sie plötzlich in ihren alten Wiener Dialekt hineingekommen war, den sie nun vielleicht fünf Jahre nicht gesprochen oder gedacht hatte. Und es war ihr, als seien diese fünf Jahre des eleganten, tollen Lebens spurlos verschwunden, versunken, als sei sie wieder das schmächtige lebensdurstige Vorstadtkind von einstmals, dass den Prater und seinen Zauber so geliebt.

Ohne dass sie es gemerkt hatte, waren sie langsam vom Wege abgekommen, heraus aus dem brausenden Menschenstrom in die weiten Praterauen, wo voller Frühling war.

In tiefem Grün waren die hundertjährigen, ästebreiten Kastanienbäume, die sich wie Riesen emporhoben. Und wie verliebtes Flüstern klang es, wenn sie die blütenschweren Zweige gegeneinanderrauschen ließen, dass die weißen, feinbeblätterten Flocken wie Winterschnee herabstäubten in das dunkelgrüne Gras, in dem die bunten Blumen eigenartige Muster eingewirkt hatten. Und ein süßer, schwerer Duft quoll aus der Erde auf und floss in weichen Wellen dahin, an jeden sich anschmiegend, so eng und fest, dass man gar nicht mehr ein bestimmtes Bewusstsein des Genusses hatte, sondern nur ein vages Gefühl von etwas Süßem, Lieblichem, Einschläferndem. Wie ein Saphir wölbte sich der Himmel über den Bäumen, so blau, so blank und rein. Und die Sonne breitete ihr reichstes Gold über ihre wundervolle, unvergängliche, unvergleichliche Schöpfung – den Praterfrühling.

Praterfrühling! –

Das Wort lag förmlich in der Luft, sie fühlten alle den tiefen Zauber um sich, aber auch in ihnen war das

Empfinden des Knospens in reichen Blüten aufgegangen. Arm in Arm wandelten Liebespaare durch die weiten, unbegrenzten Auen dahin, glückstrahlend, und in den Kindern, denen dieses Glück noch fremd war, war ein eigenes Regen erwacht, das sie zwang, zu springen und zu tanzen und zu jubeln, dass die fröhlichen Stimmen weit in Wind und Wald verklangen.

Wie eine Glorie krönte alle diese arbeitsbefreiten, glücklichen Menschen der Praterfrühling.

Die beiden hatten es gar nicht gemerkt, wie sich der Zauber auch langsam um ihre Seelen gesponnen, aber nach und nach hatte sich in ihr fröhliches Scherzen eine herzliche Intimität eingeschlichen, ein ungeladener, aber gerngesehener Gast. Sie waren einander Freund geworden, er war voll Entzücken über dieses reizende, muntere und fröhliche Mädchen, das in ihrem souveränen Übermut wie eine verkleidete Prinzessin erschien, und auch sie hatte den frischen Burschen recht gerngewonnen. Und die Komödie, die sie mit ihm begonnen hatte, war ihr jetzt selbst ein wenig ernst geworden, mit dem Kleide von damals hatte sie auch wieder die Empfindung von damals angezogen, sie war wieder voll Sehnsucht nach einem Glücke, nach der Seligkeit der ersten Liebe ...

Es war ihr, als möchte sie dies jetzt alles zum ersten Male erleben, dieses scherzende Bewundern, dieses verborgene Begehren, diese einfache, stille Seligkeit. –

Leise hatte er seinen Arm unter den ihren geschoben, und sie wehrte es ihm nicht. Und sie fühlte seinen warmen Atem an ihrem Haar, wie er ihr tausend Dinge erzählte, von seiner Jugend, seinen Erlebnissen und dann, dass er Hans hieße und studiere und dass er sie furchtbar gernhabe. Halb spaßend, halb ernst machte er ihr eine Liebeserklärung, die sie vor Fröhlichkeit und Glück erbeben ließ. Sie hatte schon Hunderte gehört, vielleicht auch in schöneren Worten, sie hatte auch schon viele erhört, aber keine hatte ihr die Wangen in ein so leuchtendes Rot getaucht als diese einfache, innige, herzliche Sprache, die heut an ihrem Ohre flüsterte und von innerer Erregung leise vibrierte. Wie ein süßer Traum, den man zu erleben sehnt, klangen die zitternden Worte, und ihr Beben lief weiter durch ihren ganzen Körper, bis sie selig erschauerte. Und wie berauscht fühlte sie den Druck seines Armes auf den ihren immer stärker und stärker werden, in wilder, trunkener Zärtlichkeit.

Tief waren sie schon drinnen in den weiten menschenleeren Auen, in die nur noch leise und murmelnd das Getöse der Wagen hineinsummte, fast allein. Nur hie und da blitzten aus dem Grün helle Sommerkleider auf, wie weiße Schmetterlinge, die wieder weiter ihren Weg ziehen, selten klang eine Menschenstimme zu ihnen her, alles war wie im tiefen, sonnenmüden Schlafe ...

Nur seine Stimme wurde nicht müde, tausend Zärtlichkeiten zu flüstern, von denen eine mehr herzlich und bizarr war wie die andere. Und sie hörte betäubt zu, wie man im Einschlafen einem fernen Musikstücke horcht, ohne die einzelnen Töne zu vernehmen, sondern nur das Rhythmische, Melodische des Klanges.

Und sie wehrte es auch nicht, als er ihren Kopf mit den Händen zu sich herüberzog und sie küsste, mit einem langen, innigen Kusse, in dem unzählige verschwiegene Liebesworte lagen.

Und mit diesem Kusse war ihre ganze Erinnerung verflogen, sie fühlte ihn wie den ersten Liebeskuss ihres Lebens. Und das Spiel, das sie mit dem jungen Menschen treiben wollte, war jetzt volles Leben und Empfinden. Eine tiefe Zuneigung hatte in ihr Wurzel gefasst, die sie ihre ganze Vergangenheit vergessen ließ, so wie ein Schauspieler in den Augenblicken höchster Kunst sich selbst als König oder Held fühlt und nicht mehr an seinen Beruf denkt.

Es war ihr, als ob sie die erste Liebe durch ein Wunder noch einmal leben dürfte ...

Ein paar Stunden waren sie so planlos umhergeirrt, Arm in Arm, im süßen Rausch der Zärtlichkeit. Der Himmel brannte schon in tiefem Rot, in das die Wipfel wie dunkelschwarze Hände hineingriffen, die Umrisse und Konturen wurden im Dämmer immer unsicherer und verschwommener, und der Abendwind raschelte in den Blättern.

Hans und Lise – gewöhnlich nannte sie sich Lizzie, aber ihr Kindername war ihr mit einem Male wieder so lieb und vertraut geworden, dass sie ihm denselben nannte – waren auch schon umgekehrt und gingen jetzt dem Volksprater zu, dem Wurstlprater, der sich schon von weitem durch den hundertfältigen Wirrwarr von möglichen und unmöglichen Geräuschen bemerkbar machte.

Ein bunter Menschenstrom floss hier an den Buden vorbei, die mit grellen Lichtern leuchteten, Soldaten mit ihren Geliebten, junge Leute, jubelnde Kinder, die sich an den unerhörten Sehenswürdigkeiten nicht sattsehen konnten. Und dazwischen ein entsetzliches Chaos von Tönen. Militärkapellen und andere Musiker, die sich gegenseitig zu übertönen suchten, Werkel, Ausrufer, die mit schon heiserer Stimme ihre Schätze anpriesen, Gewehrschüsse aus den Schießbuden und Kinderstimmen in jeder Tonlage. Das ganze Volk war hier zusammengedrängt, mit seinen wichtigsten Vertretern, seinen Wünschen, die die Buden- und Wirtshausbesitzer zu stillen suchten, und mit seiner kompakten Masse, die aus der Mannigfaltigkeit die Einheit formt.

Für Lise war dieser Prater ein neu entdecktes oder besser ein wiedergefundenes Land ihrer Kindheit. Sie kannte nurmehr die Hauptallee mit der stolzen Wagenflucht, der Eleganz und Noblesse, aber jetzt fand sie hier alles entzückend, wie ein Kind, das man in eine Spielwarenhandlung führt, wo es begehrlich nach jedem Dinge greift. Sie war wieder übermütig und lustig geworden, und die träumerische, fast lyrische Stimmung war vergangen. Wie zwei ausgelassene Kinder lachten und tollten die beiden in dem großen Menschenmeer.

Bei jeder Bude blieben sie stehen und ergötzten sich an dem monotonen, marktschreierischen Rufen der Budenbesitzer, die »die größte Dame der Welt« oder den »kleinsten Menschen des Kontinents« oder Schlangenmenschen, Wahrsagerinnen, Untiere, Meerwunder in der possierlichsten Weise anpriesen. Sie fuhren im Karussell, ließen sich wahrsagen, machten alles Mögliche mit und waren so fröhlich und lustig, dass ihnen alle Leute überrascht nachsahen.

Nach einiger Zeit fand Hans heraus, dass auch der Magen in seine Rechte treten müsse. Sie war einverstanden, und so gingen sie zusammen in ein Wirtshaus, das nicht mittendrin im ärgsten Trubel lag. Dort verbrauste das Lärmen zu einem ununterbrochenen Sausen, das immer leiser und immer stiller wurde.

Und dort saßen sie beisammen, eng aneinandergeschmiegt. Er erzählte ihr hunderterlei fröhliche Geschichten und wusste in jede ein paar Schmeicheleien geschickt einzuflechten und ihre Lustigkeit zu erhalten. Er gab ihr komische Namen, die sie zu tollem Lachen zwangen, machte ihr Kindereien vor, die sie laut jubeln ließen. Und auch sie, die sonst eine vornehme, ruhige Selbstbeherrschung liebte, war jetzt so übermütig wie nie. Geschichten aus ihrer Kindheit, die sie lange vergessen hatte, fielen ihr wieder ein, Gestalten, die sie aus ihrem Gedächtnis verloren, tauchten auf und formten sich wieder in humoristischer Weise. Sie war wie verzaubert, so anders, so verjüngt.

Lange schwatzten sie so zusammen. –

Die Nacht war schon längst mit ihren dunklen Schleiern gekommen, aber sie hatte die Schwüle des Abends nicht hinweggetragen. Dumpf lastete die Luft, wie ein schwerer Bann. Und fern zuckte ein Wetterleuchten durch die Stille, die immer voller wurde. Langsam verlöschten die Lampen, und die Menschen verloren sich in verschiedenen Richtungen, jeder seinem Heim zu.

Auch Hans erhob sich.

»Komm, Liserl, lass uns gehn.«

Sie folgte, und sie gingen Arm in Arm aus dem Prater, der dunkel und geheimnisvoll ihnen nachstarrte. Und wie leuchtende Tigeraugen blitzten die letzten farbigen Lichter aus den leise rauschenden Bäumen.

Sie gingen über die Praterstraße, die hell vom Monde beglänzt dalag, ohne viel Menschen, fast schon ruhend. Jeder Schritt hallte laut auf dem Pflaster, und die Schatten huschten in scheuer Hast an den Laternen vorbei, die gleichgültig ihr spärliches Licht ausstrahlten.

Sie hatten nicht über die Richtung des Weges gesprochen, aber stillschweigend hatte Hans die Führung übernommen. Sie ahnte, dass er seiner Wohnung zustrebte, wollte aber nicht sprechen.

So schritten sie mit wenig Worten hin. Sie kamen über die Donaubrücke, weiterhin über den Ring gegen den VIII. Bezirk hin, der Wiens Studentenviertel bildet, vorbei an dem blitzenden, mächtigen Steinbau der Universität, vorbei an dem Rathause, gegen engere, ärmlichere Gassen zu.

Und plötzlich begann er zu ihr zu sprechen.

Glühende, heiße Worte sagte er zu ihr, das Verlangen der jugendlichen Liebe verkündete er in den brennendsten Farben, die nur der Augenblick des wildesten Begehrens leiht. In seinen Worten lag die ganze wilde Sehnsucht eines jungen Lebens nach Glück und Genießen, nach dem reichsten Ziel der Liebe. Und immer strömender, verlangender wurden seine Worte, wie gierige Flammen flackerten sie hoch empor, das ganze Wesen des Mannes hatte in ihm den höchsten Grad der Steigerung erreicht. Wie ein Bettler flehte er um ihre Liebe ...

Ihr ganzer Körper bebte unter seinen Worten.

Ihr Ohr war voll von einem seligen Brausen von Worten und wilden Liedern. Sie verstand seine Rede nicht, aber sein Drängen wuchs aus ihrer eigenen Seele ihr mächtig empor und strebte dem seinen entgegen.

Wie ein kostbares, unvergleichliches Märchengeschenk versprach sie ihm, was sie hundert anderen als einen Bettellohn gegeben.

Vor einem alten, schmalen Hause blieb er stehen und läutete an, während Seligkeit aus seinen Augen glomm. –

Es wurde rasch aufgetan.

Zuerst ein schmaler, feuchtkalter Gang, den sie rasch durchschritten. Und dann viele, viele, enge ausgetretene Wendeltreppen. Aber das merkte sie nicht. Denn er hatte sie mit seinen starken Armen wie einen

Federball hinaufgetragen und das erwartungsfreudige Beben seiner Hände floss in ihren Körper hinüber, während sie wie träumend immer höher kam.

Hoch oben hielt er inne und öffnete ein kleines Zimmer. Es war ein enger, dunkler Raum, in dem man nur mit Mühe die Gegenstände unterscheiden konnte, denn die lichten Strahlen des Mondes zerstreuten sich an einer weißen, zerrissenen Gardine, die das schmale Dachfenster deckte.

Leise ließ er sie niedergleiten, um sie nur noch stürmischer zu umfassen. Heiße Küsse rannen durch ihre Adern, ihre Glieder bebten unter der Liebkosung der seinen, und ihre Worte erstarben in sehnsüchtigem Flüstern ...

Dunkel und eng ist der Raum.

Aber ein unendliches Glück hält darin seine Flügel ausgespannt in stiller, zufriedener Ruhe. Und heißer Sonnenschein der Liebe leuchtet in dem tiefen Dunkeln ...

Es ist noch früh. Vielleicht erst sechs Uhr.

Soeben ist Lizzie wieder nach Hause gekommen, in ihr eigenes elegantes Boudoir.

Das Erste ist, dass sie beide Fenster aufreißt, um die frische Morgenluft zu schöpfen, denn es ekelt sie vor diesem faden, süßlichen Parfümgeruch, der sie an ihr jetziges Leben erinnert. Früher hatte sie gleichgültig, ohne Gedanken, das Leben hingenommen, wie es war, blind, fatalistisch. Aber dieses Erlebnis von gestern, das wie ein lichter, froher Jugendtraum in ihr

Geschick gefallen, hat ihr plötzlich ein Bedürfnis nach Liebe gegeben.

Aber sie fühlt, dass sie nicht mehr zurückkann. Jetzt wird sich bald einer ihrer Verehrer einstellen und dann ein anderer wieder. Sie erschrickt förmlich bei diesem Gedanken.

Und sie fürchtet sich vor dem Tage, welcher langsam heller und deutlicher wird. –

Aber langsam beginnt sie wieder zu sinnen und zu denken an den vergangenen Tag, der wie ein verlorener Sonnenstrahl in ihr Leben gefallen ist, das so dunkel und trübe ist. Und sie vergisst alles, was da kommen wird.

Auf ihren Lippen spielt das Lächeln eines Kindes, das frühmorgens selig aus einem herrlichen Traume erwacht.

Mascha Kaléko

Nennen wir es Frühlingslied

In das Dunkel dieser alten, kalten
Tage fällt das erste Sonnenlicht.
Und mein dummes Herz blüht auf, als wüßt es nicht:
Auch der schönste Frühling kann nicht halten,
Was der werdende April verspricht.

Da, die Amseln üben schon im Chor,
Aus der Nacht erwacht die Welt zum Leben,
Pans vergessenen Flötenton im Ohr ...
Veilchen tun, als hätt' es nie zuvor
Laue Luft und blauen Duft gegeben.

Die Kastanien zünden feierlich
Ihre weißen Kerzen an. Der Flieder
Bringt die totgesagten Jahre wieder,
Und es ist, als reimten alle Lieder
Sich wie damals auf »Ich liebe dich«.

– Sag mir nicht, das sei nur Schall und Rauch!
Denn wer glaubt, der forscht nicht nach Beweisen.
Willig füg ich mich dem alten Brauch,
Ist der Zug der Zeit auch am Entgleisen –

Und wie einst, in diesem Frühjahr auch
Geht mein wintermüdes Herz auf Reisen.

Rainer Maria Rilke

Will dir den Frühling zeigen

Will dir den Frühling zeigen,
der hundert Wunder hat.
Der Frühling ist waldeigen
und kommt nicht in die Stadt.

Nur die weit aus den kalten Gassen
zu zweien gehn
und sich bei den Händen halten –
dürfen ihn einmal sehn.

Christian Morgenstern

Frühling

Wie ein Geliebter seines Mädchens Kopf,
den süßen Kopf mit seiner Welt von Glück,
in seine beiden armen Hände nimmt,
so fass ich deinen Frühlingskopf, Natur,
dein überschwänglich holdes Maienhaupt,
in meine armen, schlichten Menschenhände,
und, tief erregt, versink ich stumm in dich,
indes du lächelnd mir ins Auge schaust,
und stammle leis dir das Bekenntnis zu:
Vor so viel Schönheit schweigt mein tiefstes Lied.

Guy de Maupassant

Im Frühling

Wenn die ersten schönen Tage kommen und die Erde zu neuem Leben erwacht, wenn die laue Luft unser Gesicht streift, in die Lungen eindringt und bis an das Herz zu rühren scheint, keimt in uns die Hoffnung auf ein nie gekanntes Glück: Wir möchten die Tage durchschwärmen, die Fernen erwandern, Abenteuer erleben und dabei den ganzen Frühling in uns einsaugen.

Da der Winter streng und lang gewesen war, bis gegen Mitte Mai, so brach dieser Rausch umso plötzlicher und heftiger aus mir hervor.

Eines Morgens, beim Aufwachen, erblickte ich durch mein Fenster, über die Nachbarhäuser hinweg, das weite blaue Feld des sonndurchstrahlten Himmels. Vor den Fenstern sangen die Kanarienvögel wie besessen; in allen Etagen trällerten die Kindermädchen, und von der Straße drang ein fröhlicher Lärm herauf. Festlich gestimmt verließ ich das Haus, um wohin zu kommen? Und was zu erleben?

Alle Menschen, die mir begegneten, sahen fröhlich aus; einen Freudenschrei, ein heißes Himmelslicht hatte der wiedererwachte Frühling der Welt gebracht. Die Stadt lag wie von Liebe überflossen; und die jungen Frauen, die in ihren Morgenkleidern vorübergingen, Zärtlichkeit in den Augen, Anmut im Gang, machten mir heftiges Herzklopfen.

Ohne Ziel streifte ich umher und stand plötzlich am Seineufer. Dampfboote fuhren nach Suresnes hinunter. Kaum sah ich sie, so packte mich eine unbändige Lust, draußen in den Wäldern herumzustreifen.

Das Deck der »Mouche« wimmelte von Ausflüglern. Die erste Sonne hatte sie hervorgelockt. Nun schauten sie in die Runde, gingen auf und ab oder plauderten mit den Nachbarn.

Neben mir saß ein junges Mädchen; es war offenbar eine kleine Arbeiterin, von echt Pariser Anmut, mit einem reizenden blonden Köpfchen und Locken an den Schläfen; ihr Blondhaar floss wie gekraustes Licht zu den Ohren hin, lief, dort vom Luftzug berührt, auf den Nacken hinunter und endete in einen Flaum, so blond, so fein, so verschwebend leicht, dass ein Kuss auf diese Stelle, tausend Küsse auf diese Stelle nicht genügt haben würden, um mein Verlangen zu stillen.

Da ich sie beharrlich ansah, wandte sie den Kopf her, senkte aber sogleich die Augen, wobei ein kaum sichtbares Grübchen, ein Lächeln, das entstehen will und noch nicht entsteht, in ihren Mundwinkeln erschien. Und auch das Grübchen am Munde hatte jenen feinen und seidigen Flaum, und ein Sonnenschimmer von Goldstaub lag darauf.

Der Fluss wurde breiter. Eine heiße Freude hing in der Luft, ein pulsendes Leben füllte den Raum. Meine

Nachbarin hob die Augen, und diesmal, da ich sie lange ansah, lächelte sie deutlich. Sie war so reizend, und in ihrem flüchtigen Blick wurden mir tausend Geheimnisse offenbar, die mir bislang verborgen gewesen waren. Ich sah in unerschlossene Gründe der Seele, in den dichten Zauberwald der Leidenschaften und der Poesie, von denen wir immer träumen, und erkannte das Glück, nach dem ich so lange ohne Unterlass gesucht hatte. Und mich ergriff das unbezwingbare Verlangen, sie in meine Arme zu nehmen, sie irgendwohin zu tragen und ihr die zartesten und köstlichsten Liebesworte ins Ohr zu hauchen.

Eben war ich im Begriff, sie anzusprechen, als jemand meine Schulter berührte. Ich drehte mich überrascht um; vor mir stand ein alltäglich aussehender Mann, weder jung noch alt, und sah mich mit trübseliger Miene an.

»Ich muss Sie sprechen«, murmelte er.

Da ich ein abweisendes Gesicht machte, fügte er hinzu: »Es ist wichtig.«

Ich erhob mich und folgte ihm an die andere Bordseite.

»Mein Herr«, begann er, »wenn der Winter mit seiner Kälte herannaht und Regen und Schnee bringt, dann sagt Ihnen Ihr Arzt Tag für Tag: ›Halten Sie die Füße warm, denken Sie an Erkältungen, an Schnupfen, an Hals- und Brustfellentzündungen.‹ Darauf suchen Sie vorzubeugen, Sie ziehen Flanellwäsche an, dickes Unterzeug, hohe Stiefel, was Sie indessen nicht unbedingt davor schützt, dass Sie zwei Monate im Bett verbringen müssen. Aber wenn der Frühling mit Laub und Blumen wiederkehrt, mit seinen warmen und erschlaffenden Düften, dem Atem der Wiesen, der Ihnen eine leicht zu übersehende Unruhe, eine völlig grundlose Rührung zuträgt, dann ist niemand da, der zu Ihnen kommt und Ihnen sagt: ›Mein Herr, nehmen Sie sich vor der Liebe in Acht! Sie liegt jetzt überall im Hinterhalt; sie lauert in allen Winkeln; ihre Arglist stellt Ihnen Fallen; ihre Messer sind schon gewetzt; ihre ganze teuflische Gemeinheit ist im Anzuge! Hüten Sie sich vor der Liebe! ... Hüten Sie sich vor ihr! Sie ist gefährlicher als ein Schnupfen und als eine Hals- und Brustfellentzündung! In der warmen Jahreszeit verführt sie alle Welt zu Streichen, die in der kälteren nicht wiedergutzumachen sind. Sie gibt keinen Pardon!‹ Mein Herr, ich bin der Meinung, dass die Regierung in jedem Jahr weit sichtbare Aufrufe an den Mauern anbringen lassen sollte, die so lauten: ›Der Frühling ist da. Bürger Frankreichs, hütet euch vor der Liebe‹; genau so, wie man an die Haustüren schreibt: ›Achtung, frisch gestrichen!‹ – Da nun aber die Regierung versagt, trete ich an ihre Stelle und rufe Ihnen zu: Hüten Sie sich vor der Liebe; da sie im Begriff ist, Sie zu packen, so sehe ich es als meine Pflicht an, Sie im letzten Augenblick zu warnen; vielleicht wissen Sie, dass man in Russland dazu verpflichtet ist, einen Begegnenden darauf aufmerksam zu machen, dass ihm die Nase zu erfrieren beginnt.«

Ich stand höchst erstaunt vor diesem seltsamen Fremden und sagte dann von oben herab zu ihm: »Mein Herr, es kommt mir so vor, als mischten Sie sich in Dinge, die Sie nichts angehen.«

Er machte eine heftige Bewegung und antwortete: »O mein Herr! Mein Herr! Wenn Sie bemerken, dass ein Mensch an einer gefährlichen Stelle schwimmt – dürfen Sie schweigen? Dürfen Sie ihn zugrunde gehen lassen? Geben Sie Acht und hören Sie meine Geschichte; Sie werden alsdann begreifen, warum ich gewagt habe, so zu Ihnen zu sprechen.

Es war vor einem Jahre, um diese Zeit. Vielleicht darf ich Ihnen vorher noch mitteilen, dass ich Beamter im Marineministerium bin, in dem unsre Vorgesetzten, die Kommissare, sich von ihren Federfuchser-Offizierstressen so verblenden lassen, dass sie uns wie Kulis behandeln. – Ach, dass doch alle Vorgesetzten Zivilisten wären! Nun, ich schweife ab. – Also ich entdeckte eines Tages von meinem Büro aus einen kleinen tiefblauen Zipfel vom Himmel, über den die Schwalben dahinflogen; und mich ergriff die Lust, mitten zwischen meinen traurigen Mappen einen Tanz aufzuführen.

Mein Freiheitsdrang wuchs derartig, dass ich trotz des Widerwillens, den ich gegen ihn hege, zum Alten ging. Es ist ein kleiner, allzeit aufgebrachter Brummbär. Ich meldete mich bei ihm krank. Er fühlte mir auf den Zahn und knurrte dann: ›Ich glaube Ihnen nicht, mein Herr. Scheren Sie sich weg! Bilden Sie sich aber nicht ein, dass sich ein Büro mit solchen Beamten in Ordnung halten lässt!‹

Ich drückte mich also und lief zur Seine hinunter. Es war ein Wetter wie heute. Ich bestieg die ›Mouche‹, um eine Fahrt nach Saint-Cloud zu machen.

O mein Herr, dass mir der Vorgesetzte damals den Urlaub doch verweigert hätte!

Mir war, als ob sich mein Herz unter der Sonne weitete. Alles begeisterte mich, das Dampfboot, die Ufer, die Bäume, die Häuser, die Mitfahrenden ringsum, alles. Ich hätte etwas umarmen mögen und wusste nicht was: Das war die Liebe, die bereits ihre Schlingen aufgestellt hatte.

Am Trocadéro stieg also eine junge Dame zu; sie trug ein Päckchen in der Hand und nahm mir gegenüber Platz.

Sie war reizend, o ja, mein Herr; es ist unbegreiflich, wie die Frauen sich beim guten Wetter, im ersten Frühling verschönern! Sie bekommen dann etwas Berauschendes, ja Bestrickendes, mit einem Wort: ein ganz besonderes Etwas. Als ob Sie Wein auf Käse trinken, nebenbei gesagt.

Ich sah sie an, sie erwiderte meine Blicke – aber nur von Zeit zu Zeit, genau wie die Ihre es vorhin gemacht hat. Dann, nach einer gehörigen Anstandspause, war ich der Meinung, dass wir uns genug kannten, um eine Unterhaltung zu beginnen; kurz, ich sprach sie an. Sie plauderte mit mir. Sie war nett in allem, o ja! Sie brachte mich bald in Hitze, mein werter Herr! In

Saint-Cloud stieg sie aus – und ich ihr nach. – Sie hatte eine Bestellung zu machen. Als sie zurückkam, war das Boot abgefahren. Ich begleitete sie, und die würzige Luft nahm uns so mit, dass wir zu seufzen anfingen.

›Im Wald wird es am schönsten sein‹, sagte ich zu ihr.

Sie antwortete: ›O ja!‹

›Wollen wir dorthin einen Spaziergang machen, mein Fräulein?‹

Sie blitzte mich von unten herauf mit einem raschen Blick an, als wollte sie abschätzen, was ich mit ihr vorhätte; dann, nach kurzem Zaudern, nahm sie an. Und nun ging es nebeneinander unter den Bäumen hin. Unter dem noch nicht geschlossenen Laubdach stand das hohe, dichte, leuchtend grüne, wie vom Grün gefirnisste Gras vom Sonnenschein übergossen da. Lauter verliebte Lebewesen schwebten umher, und von überall erklang das Gezwitscher der Vögel. Meine Begleiterin ließ sich von dem Duft des Waldes berauschen, bald begann sie zu rennen und zu springen. Und ich, ich rannte hinter ihr drein und machte Sprünge wie sie. Wie ist man doch manchmal blöd, mein Herr!

Darauf sang sie allerlei Lieder, Opernarien, das Lied der Musette! Das Lied der Musette!, wie poetisch fand ich es damals! . . . Ich weinte beinah. Lauter Narrenpossen, die uns den Verstand vernebeln; heiraten Sie um Gottes willen nie eine Frau, die da draußen auf dem Lande zu singen anfängt, und auf keinen Fall eine, die das Lied der Musette singt!

Später wurde sie müde und setzte sich an eine Grasböschung. Und ich ließ mich zu ihren Füßen nieder und nahm ihre Hände in die meinen, die schmalen Fingerchen, die von Nadelstichen gesprenkelt waren; und diese Stiche rührten mich tief. Ich dachte: ›Dies sind die heiligen Male der Arbeit.‹ – Ha, mein Herr, ahnen Sie auch nur, was diese ›heiligen Male der Arbeit‹ Ihnen erzählen könnten? – Klatsch der Werkstätten, getuschelte Zoten, verlorene Reinheit, gemeines Geschwätz, erbärmliche Angewohnheiten, Beschränktheit und Einbildung in einem – das alles bringt Ihnen eine zu, die an ihren Fingerspitzen die ›heiligen Male der Arbeit‹ trägt.

Alsdann sahen wir einander lange in die Augen.

Oh, das Frauenauge, welch eine Zaubergewalt liegt darin! Wie es einen verwirrt, an sich zieht, in Besitz nimmt und beherrscht! Wie es weltenweit erscheint, voll von Versprechungen, voll von Unendlichem! Man nennt das: sich bis auf den Grund der Seele schauen! O mein Herr, welch eine Aufschneiderei! Wenn man nur zeitig genug in diese sogenannte Seele schauen könnte, man würde geheilt sein, wahrhaftig.

Schließlich war ich so weit, nämlich verrückt.

Ich wollte sie in meine Arme ziehen. Sie aber rief: ›Weg die Pfoten!‹

Darauf kniete ich vor ihr nieder und öffnete ihr mein Herz; ich breitete vor ihren Knien mein ganzes

Sehnen aus, all das da drinnen, an dem ich fast erstickt war. Sie schien sich über mein verändertes Verhalten zu wundern und betrachtete mich mit einem Seitenblick, als ob sie zu sich selber sagte: Aha, so muss man also mit dir umspringen; schön, wir werden weitersehen.

In der Liebe, mein Herr, sind wir immer die Verschwender und die Frauen die Händlerinnen.

Ich hätte sie besitzen können, ohne Zweifel; ich habe meine Dummheit später begriffen, aber was ich damals begehrte, das war ja gar nicht das; es war die ideale Liebe; ich hatte in Empfindungen geschwelgt, wo ich meine Zeit besser hätte ausnutzen sollen.

Als sie dann von meinen Beteuerungen genug hatte, stand sie auf; wir kehrten nach Saint-Cloud zurück. Wir haben uns erst in Paris getrennt. Auf der Heimfahrt machte sie ein niedergeschlagenes Gesicht. Ich fragte sie, was ihr fehlte. Sie antwortete: ›Ich denke daran, dass es Tage gibt, von denen man nicht viele in seinem Leben geschenkt bekommt.‹ – Mein Herz schlug mir bei dem Sprüchlein, als wollte es zerspringen.

Wir trafen uns am folgenden Sonntag wieder, auch den Sonntag danach, und dann alle weiteren Sonntage. Ich führte sie nach Bougival, Saint-Germain, Maisons-Laffitte, Poissy – überallhin, wo die Liebespaare der Bannmeile auftauchen.

Das kleine Weibsbild war jetzt ›auf Draht‹ und machte in ›leidenschaftlich‹.

Ich verlor schließlich vollständig den Kopf. Drei Monate später heiratete ich sie.

Was wollen Sie, mein Herr, man ist Beamter, steht allein, ohne Familie, ohne jemand, der einem einen Rat gibt! Man stellt sich vor, dass das Leben mit einer Frau wunderbar sein wird! Und also heiratet man diese Frau da!

Dann aber schimpft sie vom Morgen bis zum Abend, versteht nichts, kann nichts, schwätzt fortwährend, singt aus vollem Halse das Lied der Musette (oh, das Lied der Musette, ein unausstehlicher Schmarren!), schlägt sich mit dem Kohlenträger, erzählt den Pförtnersleuten vertrauliche Familienangelegenheiten, vertraut dem Kindermädchen des Nachbarn Bettgeheimnisse an, reißt ihren Mann vor den Lieferanten herunter und hat, mein Herr, dabei den Kopf gespickt voll von so stupiden Geschichten, von so blödsinnigen Einbildungen, von so lächerlichen Ansichten, von so ungeheuerlichen Vorurteilen, dass ich vor Kleinmut anfange zu heulen, sobald sie nur den Mund aufmacht.«

Er verstummte, etwas außer Atem und sehr erregt. Ich sah ihn an. Da sich in mir das Mitleid mit diesem armen Einfaltspinsel rührte, sagte ich ihm noch rasch ein paar nette Worte. Gleich darauf legte das Boot an. Wir waren in Saint-Cloud.

Das junge Mädchen, das mein Herz in Flammen gesetzt hatte, erhob sich, um an Land zu gehen. Sie kam dicht an mir vorbei und blitzte mich mit einem verstohlenen Lächeln an, einem Lächeln, zum Verrücktwerden herrlich; dann sprang sie auf den Anleger hinüber.

Ich stürzte vor, um ihr zu folgen, aber mein Nachbar hielt mich am Ärmel fest. Ich riss mich mit einem kräftigen Ruck los; er packte mich an den Schößen meines Überrockes und zog mich rückwärts, wobei er fortwährend wiederholte: »Sie sollen ihr nicht folgen! Sie sollen ihr nicht folgen!«, und zwar mit so lauter Stimme, dass alle Leute herschauten. Ringsum brach ein Gelächter los, und ich stand starr, rasend vor Wut, von dem lächerlichen Auftritt wie gelähmt da und rührte mich nicht vom Fleck.

Das Dampfboot fuhr wieder ab.

Das junge Mädchen, das auf dem Anleger stehen geblieben war, sah mich mit einer enttäuschten Miene davonfahren, während der Kerl hinter mir sich die Hände rieb und mir ins Ohr flüsterte:

»Lassen Sie es gut sein. Ich habe Ihnen soeben einen ganz gewaltigen Dienst erwiesen.«

Erich Kästner

Der April

Der Regen klimpert mit einem Finger
die grüne Ostermelodie.
Das Jahr wird älter und täglich jünger.
O Widerspruch voll Harmonie!

Der Mond in seiner goldnen Jacke
versteckt sich hinter dem Wolken-Store.
Der Ärmste hat links eine dicke Backe
und kommt sich ein bisschen lächerlich vor.
Auch diesmal ist es dem März geglückt:
Er hat ihn in den April geschickt.

Und schon hoppeln die Hasen
mit Pinseln und Tuben
und schnuppernden Nasen,
aus Höhlen und Gruben
durch Gärten und Straßen
und über den Rasen
in Ställe und Stuben.

Dort legen sie Eier, als ob's gar nichts wäre,
aus Nougat, Krokant und Marzipan.
Der Tapferste legt eine Bonbonniere,
er blickt dabei entschlossen ins Leere –
Bonbonnieren sind leichter gesagt als getan!

Dann geht es ans Malen. Das dauert Stunden.
Dann werden noch seidene Schleifen gebunden.
Und Verstecke gesucht. Und Verstecke gefunden:
Hinterm Ofen, unterm Sofa,
in der Wanduhr, auf dem Gang,
hinterm Schuppen, unterm Birnbaum,
in der Standuhr, auf dem Schrank.

Da kräht der Hahn den Morgen an!
Schwupp sind die Hasen verschwunden.
Ein Giebelfenster erglänzt im Gemäuer.
Am Gartentor lehnt und gähnt ein Mann.
Über die Hänge läuft grünes Feuer
die Büsche entlang und die Pappeln hinan.
Der Frühling, denkt er, kommt also auch heuer.
Er spürt nicht Wunder noch Abenteuer,
weil er sich nicht mehr wundern kann.

Liegt dort nicht ein kleiner Pinsel im Grase?
Auch das kommt dem Manne nicht seltsam vor.
Er merkt gar nicht, dass ihn der Osterhase
auf dem Heimweg verlor.

Heinrich Heine

Herz, mein Herz, sei nicht beklommen

Herz, mein Herz, sei nicht beklommen,
Und ertrage dein Geschick,
Neuer Frühling gibt zurück,
Was der Winter dir genommen.

Und wie viel ist dir geblieben!
Und wie schön ist noch die Welt!
Und, mein Herz, was dir gefällt,
Alles, alles darfst du lieben!

Eduard Mörike

Im Frühling

Hier lieg' ich auf dem Frühlingshügel:
Die Wolke wird mein Flügel,
Ein Vogel fliegt mir voraus.
Ach, sag' mir, alleinzige Liebe,
Wo du bleibst, dass ich bei dir bliebe!
Doch du und die Lüfte, ihr habt kein Haus.

Der Sonnenblume gleich steht mein Gemüte offen,
Sehnend,
Sich dehnend
In Lieben und Hoffen.
Frühling, was bist du gewillt?
Wann werd' ich gestillt?

Die Wolke seh' ich wandeln und den Fluss,
Es dringt der Sonne goldner Kuss
Mir tief bis ins Geblüt hinein;
Die Augen, wunderbar berauschet,
Tun, als schliefen sie ein,
Nur noch das Ohr dem Ton der Biene lauschet.

Ich denke dies und denke das,
Ich sehne mich und weiß nicht recht, nach was:
Halb ist es Lust, halb ist es Klage;
Mein Herz, o sage,
Was webst du für Erinnerung
In goldengrüner Zweige Dämmerung! –
Alte unnennbare Tage!

Siegfried Lenz

Eine Kleinbahn namens Popp

Wovon soll ich erzählen zuerst? Von der Einweihung? Gut, von der Einweihung. Sie fand statt, wie verbürgt ist, an einem unschuldigen Frühlingstag zu Füßen der Suleyker Höhen, worunter man sich vorzustellen hat ein ansprechendes Hügelchen namens Goronzä Gora, was soviel heißt wie: Heißer Berg.

Der Tag, wie gesagt, war schön. Allerhand bunte Käferchen torkelten durch das Gras, die Bachstelzen am Fluß rannten um die Wette, und die berühmten Suleyker Schafe verzeipelten vor lauter Übermut ihre Ketten.

Eingeweiht sollte werden – das ist schon bekannt – die Kleinbahn von Suleyken über Schissomir, Sybba, Borsch, Sunowken nach Striegeldorf.

So eine Einweihung, man wird es zugeben, ist ein Akt voll tiefer Bedeutung. Ob geladen oder nicht geladen, die Gesellschaft von Suleyken versammelte sich auf dem Bahnsteig, man begrüßte einander mit ausdauernder Höflichkeit, erkundigte sich nach den Kinderchen, der Großmutter, dem Tantchen und dem Onkelchen, und dann machte man sich gemeinsam daran, die Kleinbahn zu inspizieren.

Sie war neu und braun. Stand mit ihren Rädern auf den Schienen, diese Kleinbahn, hatte drei Wagen, eine Lokomotive, sah ganz nach was aus. Die Lokomotive, wie es ihre Art ist, qualmte heiß vor sich hin - womit gezeigt werden sollte, daß sie unter Dampf stand -, und oben, zwischen allerhand Messingrädchen und Hebeln, stand ein Mensch namens Dziobek, stand da hochmütig herum und ließ sich bewundern.

Na, die Suleyker Gesellschaft prüfte alles genau, wimmelte durcheinander, klopfte, schraubte, drehte, machte hier was auf und da was, roch und schimpfte, stieß Laute der Verwunderung aus oder seltsame Rufe der Angst; auch Jubel konnte man hören.

Bis plötzlich ein uniformiertes Herrchen aus der Station kam, eine Glocke schwang und sich mit ihrer Hilfe Gehör verschaffte. Die Gesellschaft ordnete sich allmählich. Der Herr mit der Glocke winkte einmal zur Station, und wer kam heraus? Niemand anders als die Witwe Amanda Popp, ein munteres, schwerhöriges Weibchen, das trotz seines Alters leicht über die Schienen hüpfte und zum Erstaunen der Suleyker Gesellschaft auf eine kleine Tribüne trippelte, welche man aus zwei Kaninchenkisten gebaut hatte. Gut. Soweit ist alles gut. Nun reichte das uniformierte Herrchen der Witwe Amanda Popp die Klingelglocke zum Halten, strammte sich, blickte auf die Gesellschaft und begann zu sprechen. Und er sprach so: »Amerika«, sprach er, dann folgte eine lange Pause, und er sah die Gesellschaft mit herausforderndem Triumph an. Plötzlich in die vielsagende Stille hinein, begann die Witwe Amanda Popp mit freundlicher Ahnungslosigkeit die Glocke zu schwenken, eine Handlung, die keineswegs vorgesehen war und die bewirkte, dass Herrchen die Glocke zornig an sich riß und in seiner Rede fortfuhr. »Amerika«, fuhr er fort, »es war, hol's der Teufel, ein gutes Endchen weit weg. Wer hat schon gehabt die Möglichkeit, schnell mal 'rüberzufahren? Etwa du, Hamilkar Schaß? Oder du, Ludwig Karnickel? Und dich, Hugo Zappka, wollen wir gar nicht erst fragen. So. Erst einmal soweit. Stimmt doch? Oder hab' ich nicht richtig gesprochen?«

Die Gesellschaft von Suleyken nickte nachdenklich. Sie hatte kaum ausgenickt, da rief das uniformierte Herrchen auch schon weiter: »Aber jetzt! Amerika – wißt ihr, was geschehen ist? Es ist nähergekommen. Wir sind geworden Nachbarn von Amerika. Ihr alle, Ehrenwort, könnt Amerika grapschen. So. Erst einmal soweit.«

»Weiter!« rief ein ungeduldiger Mensch.

»Gut«, sagte das Herrchen, »also weiter. Halt die Glocke, Amanda Popp. – Was hatte ich gesagt? Amerika, richtig. Es ist nähergekommen. Und wodurch, bitte schön, ist es nähergekommen? Möchte das vielleicht jemand sagen? Na, wir wollen keinen Streit anfangen: Amerika ist geworden unser Nachbar, weil – sagen wir mal – weil wir gebaut haben – na, dreht euch doch mal um: unsere neue Kleinbahn!«

Die Gesellschaft drehte sich schweigend um, als Amanda Popp, das schwerhörige alte Weibchen, wieder mit der Glocke bimmelte, worauf der Redner in jähzorniger Weise die Glocke an sich riß und sie vor sich hinstellte.

»Du kannst«, sagte er wütend, »Amanda Popp, nicht bimmeln zur unrechten Zeit. Was soll, überleg dir mal, werden, wenn die Bahn einfach abfährt.«

Das schwerhörige Weibchen lachte und sprach so: »Die Kälberchen, die Kälberchen, rein zum dammlich werden ist das. Und wie die Sonne scheint.«

Diese Antwort, wie man sich denken kann, wurde überhört. Statt dessen nahm das Herrchen wiederum seine Rede auf und sagte folgendes: »Wir haben«, sagte es, »noch etwas vorzunehmen. Adolf Abromeit.«

»Hier«, sagte der Angerufene.

»Adolf Abromeit, deine Frau, nehmen wir mal an, kriegt eines Tages ein Kind. So einen runden, kleinen Lodschak. Gut. Erst einmal soweit. Was wirst du dann, bitte schön, mit ihm machen?«

»Waschen«, rief Adolf Abromeit.

»Richtig«, sagte das Herrchen, »und dann?«

»Füttern.«

»Auch richtig. Und was noch?«

»Mit Puder bestäuben.«

»Stimmt alles«, sagte das Herrchen, »aber nur, Adolf Abromeit, eines hast du vergessen. Das Kind muß haben einen Namen. Was, Gevatterchen, hast du von ihm, wenn du ihn nicht kannst rufen? Darum, sage ich, ist für jedes Wesen von Wichtigkeit ein Name. Auch für die Kleinbahn, hol sie der Teufel.

Gut. Soweit ist alles gut. Und was wir jetzt vornehmen, wird sein eine Taufe. Wir taufen unsere Kleinbahn, wie vorgesehen, auf den Namen Paul Popp. Und wenn ihr wissen wollt, warum: Paul Popp ist ein Opfer geworden. Er hat gearbeitet an der Kleinbahn, er hat sich, wie bekannt, ein Bein ausgerenkt bei dieser Arbeit. Und weil er der erste ist, der Schmerzen ertragen hat um die Kleinbahn, heißt sie: Paul Popp! So. Übrigens, er muß noch immer liegen im Bett. Und darum ist, wie Augenschein zeigt, Amanda Popp gekommen, seine Mutter.«

Eine Stille von sonderbarer Bedeutsamkeit entstand. Die Gesellschaft, überrascht und zutiefst verwundert, blickte versonnen auf die Witwe Amanda Popp, die natürlich nichts anderes im Sinn hatte, als die Klingel zu greifen, was ihr jedoch das uniformierte Herrchen verwehrte, indem es energisch seinen Fuß darauf setzte. Eigentlich, unter uns gesagt, wartete das Herrchen auf Beifall. Na, dergleichen regte sich aber nicht, und um das Schweigen zu überbrücken, begann der Redner von den Vorzügen der Kleinbahn zu sprechen. Und jetzt, das muß gesagt werden, erwachte in der Gesellschaft ein Sinn, der ausdrückt das Suleyker Verhältnis zur Technik. Der Redner: er wurde immer wieder von subtilen Fragen unterbrochen, wurde regelrecht gepiesackt von diesen Fragen – woraus folgte, na, aber soweit sind wir noch nicht. Erst einmal, wenn's interessiert, einige Fragen.

Also fragte zum Beispiel Hamilkar Schaß, mein

Großvater: »Mir ist«, ließ er sich vernehmen, »zu Ohren gekommen, daß so eine Kleinbahn, gegebenenfalls, kann überfahren drei Schafe auf einmal. Ist das richtig?«

»Dann«, sagte das Herrchen, »sind die Schafe schuld.«

»He«, rief ein Mensch aus dem Hintergrund, »und was ist eigentlich mit den Augen! Werden sie nun blind, wenn man mit der Kleinbahn fährt, oder werden sie nicht blind? Der Stodollik sagt, sie werden blind.«

»Das trifft«, sagte das Herrchen, »nicht zu.«

»Und was ist mit Schlummern«, rief ein anderer, »kann man schlummern in so einer Kleinbahn?«

»Hilft«, rief ein Einbeiniger, der alte Logau, »so eine Kleinbahn auch gegen Rheuma?«

»Weiß ich nicht«, schrie das Herrchen, ja, es schrie diesmal schon.

Na, und dann fragte der finstere Mensch Bondzio: »Wie ist das eigentlich, Gevatterchen, bei Regen? Kann die Kleinbahn nicht, sagen wir mal, wenn es gehörig pladdert, einfach ausrutschen?«

Zum Schluß fiel die entscheidende Frage. Sie wurde, niemand hätte es vermutet, gestellt von Jadwiga Plock. »Warum«, kreischte sie, »hol's der Teufel, sollen wir alle fahren nach Amerika? Ist's hier nicht auch schön?«

Während das Herrchen in sprachlosem Zorn die Klingel zur Hand nahm, regte sich freundlicher Beifall für Jadwiga Plock. Man ging zu ihr, drückte bewegt ihre Hand und machte ihr Komplimente.

So. Erst einmal bis hierher. Und jetzt geht's gleich los. Das Herrchen bimmelte wild, krähte »Einsteigen!«, zerrte das schwerhörige Weibchen Amanda Popp von der Tribüne und stieg mit ihr ein. Außer ihnen stiegen von der ganzen Gesellschaft nur noch drei Menschen ein: mein Großvater, Hamilkar Schaß, der alte einbeinige Logau und der Briefträger Hugo Zappka. Der alte Logau, mein Gottchen, holte gleich das Fenster herunter, legte sich ächzend auf eine Bank und hielt sein einziges Bein, von wegen Rheuma, zum Fenster hinaus.

Dziobek, wie man beobachtete, tat so einiges mit den Rädchen und Hebelchen, und plötzlich, zur heillosen Überraschung der Gesellschaft, setzte sich die Kleinbahn in Bewegung. Man winkte und weinte, wie bei endgültigem Abschied, lief noch ein Stückchen mit und sah bangend und wehmütig zu, wie das Bähnchen hinter Goronzä Gora, das ist: Heißer Berg, entschwand.

Hugo Zappka, dieser Mensch, er hatte nichts Eiligeres zu tun, als die Ehrendame des Tages, die Witwe Amanda Popp, untern Arm zu nehmen. Und dann ging er mit ihr, weiß der Kuckuck, durch alle Wagen nach vorn, bis zur Lokomotive. Das arme schwerhörige Weibchen war schon ganz grün vor Furcht, und es zeigte mit ordentlich zitternder Hand, schreckerfüllt, auf die Lokomotive. Zappka natürlich, er mißverstand diese Geste, dachte, das ansonsten muntere

Weibchen wolle da rauf. Zögerte also nicht lange und schleppte Amanda Popp über die Kohlen zum Führerstand.

Dziobek, der Hochmütige, warf zwei Schaufeln voll Kohlen ins Feuer. »Jetzt geht's noch schneller«, schrie er.

»Das ist so erwünscht«, schrie Zappka und deutete auf die Ehrendame des Tages. »Amanda Popp kann es nicht schnell genug gehen.« Das alte Weibchen, es nickte ängstlich und dachte, man wolle jetzt Schluß machen. Aber Dziobek heizte den Kessel noch mehr ein, weil er annahm, es sei immer noch nicht schnell genug.

»Ist jetzt schnell genug?« fragte er das Weibchen.

»Barmherzigkeit«, sagte Amanda Popp benommen, »rein zum dammlich werden.«

»Siehst du«, schrie Zappka durch den Fahrtwind zu Dziobek, »diese Fahrt macht ihr Freude. Sie will noch schneller.«

Unterdessen, in einem luftigen Abteil, ging folgendes vor sich: Hamilkar Schaß, mein Großvater, probierte die Bänke aus und sprach schließlich zum alten Logau: »So ein Bänkchen«, sprach er, »nie hatt' ich gehabt solch ein bequemes Bänkchen. Ich könnte tatsächlich noch eins aufstellen hinter der Scheune. Hier sind, was meinst du, Logau, sowieso zuviel. Vor lauter Bänken kann man hier schon gar nicht mehr sitzen. Hast du, Gevatterchen, etwas dagegen?«

Was sollte der alte Logau schon groß dagegen haben.

Gut. Also Hamilkar Schaß, mein Großvater, machte sich gleich daran, so ein Bänkchen abzumontieren. Ging natürlich nicht einfach, waren alle ziemlich fest, diese Bänkchen, alle hübsch verschraubt. Jedenfalls, das war die Hauptsache, hatte Hamilkar Schaß erstmal ein bißchen zu tun während der Fahrt.

Er hatte so lange zu tun, bis, ziemlich überraschend, das uniformierte Herrchen hereinkam und, nachdem er gesehen hatte, was hier vor sich ging, dermaßen unhöflich wurde, daß mein Großvater folgendes tat: er flüsterte dem alten Logau was ins Ohr, ging nach vorn und flüsterte ausgiebig mit Hugo Zappka, der das schwerhörige Weibchen am Wickel hatte, und dann sprangen sie, kurz vor Schissomir, alle ab.

Na, sie erholten sich zunächst ein wenig, dann zuckelten sie in verstörtem Schweigen den Weg zurück und ließen die Kleinbahn Kleinbahn sein. Als sie – auch das ist verbürgt – nach Suleyken zurückkehrten, wurde ihnen von der Gesellschaft ein Empfang bereitet, wie sich in Masuren niemand eines ähnlichen rühmen konnte. Sie erhielten von allen Seiten Geschenke und wurden gefeiert, als ob totgeglaubte und fleißig betrauerte Söhne überraschend nach Hause gekommen wären, so ungefähr ging es zu. Und natürlich wurde getanzt. Wundert man sich vielleicht darüber?

Das ist auch, wie man bei uns zu sagen pflegte, fschistko jädno, was soviel heißt wie einerlei. Und einerlei: das wurde den Leuten von Suleyken allmählich auch die Kleinbahn. Das Schicksal, das sie ausersehen war zu nehmen, war über die Maßen traurig. Anfangs, selbstverständlich, fuhr sie noch ein paarmal, und wenn sie um Goronzä Gora herumschlich - denn das mußte sie schon –, da drohten die Leute von Suleyken, schwangen Knüppel, machten sogar unzüchtige Bewegungen zu den wenigen Fahrgästen und trieben ihre berühmten Schafe auf den Bahndamm - kurz gesagt, der Kleinbahn wurde dergestalt eingeheizt, daß sie ganz sacht verkümmerte. Aber wir wollen, um Himmels willen, nicht immer von Tragik reden. Zumal über die Geschichte, wie über den Damm der Kleinbahn, schon das gewachsen ist, was gegebenenfalls alles zudeckt: nämlich das wispernde Gras Suleykens.

Rainer Maria Rilke

Frühling

Die Vögel jubeln – lichtgeweckt –,
die blauen Weiten füllt der Schall aus;
im Kaiserpark das alte Ballhaus
ist ganz mit Blüten überdeckt.

Die Sonne schreibt sich hoffnungsvoll
ins junge Gras mit großen Lettern.
Nun dorten unter welken Blättern
seufzt traurig noch ein Steinapoll.

Da naht ein Lüftchen, fegt im Tanz
hinweg das gelbe Blattgeranke
und legt um seine Stirn, die blanke,
den blauenden Syringenkranz.

Joseph Roth

Der Frühling, die schönste Jahreszeit

Der Frühling, auch »Lenz« genannt, ist die schönste Jahreszeit, die Saison der Kuckuckskonzerte und des Lerchengesanges, der grünen Welt und Wiesenkostüme und der göttlichen Blütenfabrikation.

Es ereignet sich, von Lyrikern in Reimen begrüßt, die bekannte Auferstehung der Natur, welche den Agrariern gehört, aber von diesen sehr menschenfreundlichen Besitzern den Ausflüglern ohne Unterschied der Partei umsonst zur Verfügung gestellt wird.

Die Sonne, ein radikal sozialistischer Leuchtkörper, eines der wenigen Objekte dieser Welt, deren private Ausbeutung deshalb noch nicht gelungen ist, weil es keine Groß-Himmels-Grundbesitzer gibt, diese Sonne nimmt sich die Freiheit, allen Menschen gleich zu leuchten und die dürre Haut des Hungernden ebenso zu wärmen wie den fetten Bauch des Satten.

Zu den Objekten in Kommunalbesitz gehören auch noch die bekannten Frühlingswolken, die »linden Lüfte«, von denen die deutschen Dichter leben, und der blaue Himmel, hinter dem sich der liebe Gott verbirgt, um ungestört die Bittgesuche der Menschen der Reihe nach zu erledigen.

Die sogenannten Zugvögel, lebendige Symbole der menschlichen Sehnsucht, kehren, unbelehrbar, wie Zugvögel sind, und einem unvernünftigen Drange gehorchend, aus den südlichen Ländern nach Europa zurück, das sie eigentlich gar nicht nötig haben. Bei diesen Tieren sind Instinkt und Überlieferung so mächtig, dass sie Konferenzen, Redaktionen, Produktenbörsen gar nicht merken und in harmloser Ahnungslosigkeit dort lieblich zwitschern können, wo der Mensch weinen muss. Diese Vögel zwitschern sogar in der Berliner Siegesallee.

Auch am Kurfürstendamm offenbart sich der Anbruch des Frühlings: Die Bettler enthüllen ihre Gebrechen und die vornehmen Spaziergänger ihre Frühlingstoiletten. Auf den Köpfen der Damen erblühen die neuen Strohhüte in verschiedenen von den Modeberichten vorgeschriebenen Formen. Die Frühlingsluft verursacht Pläne für die Sommerreise, welche die bedeutendste Frühjahrssorge der spekulierenden Menschheit ist. In den Fabriken und Büros sind die Fenster geöffnet, und die Menschen des Achtstundentages dürfen den Lenz in gesetzlich zulässigen Kubikmetern genießen. Der unbegrenzte Genuss der linden Lüfte ist nur den Auserwählten gestattet und den Arbeitslosen.

Jenen behagt es, diese sterben infolge des ungewohnten Vergnügens. Es ist nicht jedermanns Sache, in vollen Zügen zu genießen. So mancher stirbt dahin, weil er Freuden ohne Mittagessen nicht verträgt.

Sorglos aber leben die Auserwählten, der Aprilregen befruchtet die Felder – und Gottes Segen ruht auf ihnen. Sie leben wie die Lilien im Felde, für sie wachsen die Anzüge bei den Schneidern, und alle Mühlen mahlen hygienisches Weißbrot, das der Hausarzt vorschreibt ...

Deshalb ist der Frühling die schönste Jahreszeit.

Erich Kästner

Der Mai

Im Galarock des heiteren Verschwenders,
ein Blumenzepter in der schmalen Hand,
fährt nun der Mai, der Mozart des Kalenders,
aus seiner Kutsche grüßend, über Land.

Es überblüht sich, er braucht nur zu winken.
Er winkt! Und rollt durch einen Farbenhain.
Blaumeisen flattern ihm voraus und Finken.
Und Pfauenaugen flügeln hinterdrein.

Die Apfelbäume hinterm Zaun erröten.
Die Birken machen einen grünen Knicks.
Die Drosseln spielen, auf ganz kleinen Flöten,
das Scherzo aus der Symphonie des Glücks.

Die Kutsche rollt durch atmende Pastelle.
Wir ziehn den Hut. Die Kutsche rollt vorbei.
Die Zeit versinkt in einer Fliederwelle.
O, gäb es doch ein Jahr aus lauter Mai!

Melancholie und Freude sind wohl Schwestern.
Und aus den Zweigen fällt verblühter Schnee.
Mit jedem Pulsschlag wird aus Heute Gestern.
Auch Glück kann weh tun. Auch der Mai tut weh.

Er nickt uns zu und ruft: »Ich komm ja wieder!«
Aus Himmelblau wird langsam Abendgold.
Er grüßt die Hügel, und er winkt dem Flieder.
Er lächelt. Lächelt. Und die Kutsche rollt.

Heinrich Heine

Im wunderschönen Monat Mai

Im wunderschönen Monat Mai,
Als alle Knospen sprangen,
Da ist in meinem Herzen
Die Liebe aufgegangen.

Im wunderschönen Monat Mai,
Als alle Vögel sangen,
Da hab ich ihr gestanden
Mein Sehnen und Verlangen.

Matthias Claudius

Der Frühling. Am ersten Maimorgen

Heute will ich fröhlich, fröhlich sein.
Keine Weis' und keine Sitte hören;
Will mich wälzen und für Freude schrein,
Und der König soll mir das nicht wehren;

Denn *er* kommt mit seiner Freuden Schar
Heute aus der Morgenröte Hallen,
Einen Blumenkranz um Brust und Haar
Und auf seiner Schulter Nachtigallen;

Und sein Antlitz ist ihm rot und weiß,
Und er träuft von Tau und Duft und Segen –
Ha! Mein Thyrsus sei ein Knospenreis,
Und so tauml' ich meinem Freund entgegen.

Robert Walser

Grün

Wer an den Frühling denkt, hat Grün vor den Augen. Das ergibt sich von selbst. Oder etwa nicht? Ei, doch! Es wird nicht von Wintergrün oder Herbstgrün gesprochen, sondern von Frühlingsgrün, weil da alles blüht und grünt, überall Gras wächst und Blätter hervorsprießen, die nicht grau oder schwarz oder braun oder violett sind; vielmehr wie? Wir brauchen es nicht extra zu betonen. Jedes kleine Kind weiß es, jedermann weiß es, alle wissen es. Niemand ist, der solches nicht weiß. Es wäre bös und stünde schlimm um jeden, der's nicht wüsste.

O wie schön ist Grün. Was für eine frische Farbe. Keine andere Farbe ist so mächtig, so eindrucksreich, so vielversprechend. Braun hat etwas Trockenes.

Welke Blätter sind braun. Baumstämme sind braun. Braun ist sonst gut. Ich bin mit Braun sehr einverstanden; denn ich halte es für ehrlich. [...]

Schöne Farben sind Gelb und Blau. Gelb sind Butterblumen; blau ist der Himmel. Rot sind Tulpen und Rosen. Violett sind Veilchen. Im Winter ist alles weiß. Hier haben wir eine andere wichtige Farbe, aber am schönsten ist Grün.

Wo Grün ist, regiert Freude; wenigstens bildet sich's der Mensch gerne ein, und er hat recht, dass er das tut. Grün ist wie hoffen und glauben, dass am Ende doch das Schöne und Liebe und Gute in der Welt vorherrsche. Glauben ist größer und stärker als Unglaube; wie Wissen schließlich gescheiter ist als Nichtwissen. [...]

Nun, was kann saftiger sein als Grün? Was kann jünger und lebendiger, fröhlicher und lustiger, treuherziger und friedlicher sein, als dies Herrliche, das sich um diese Zeit über alle Länder wirft und spannt, gleich einem Siegeszug, nur dass dabei niemand hurra schreit, sondern jeder nur lächeln und still zufrieden sein darf. Keine Theater-, vielmehr eine wahre Weltvorstellung ist's; denn es zieht sich freundlich durch die ganze Welt hin, das süße Grün.

Wenn Wälder wieder grünen und Wiesen voll Gräser sind und die Luft dabei so warm: Wer könnte dann sagen, er sei nicht froh, dass er noch am Leben ist? Wer wäre dann nicht wenigstens eine halbe oder ganze Stunde oder einen Tag lang wahrhaft glücklich?

Theodor Storm

Mai

Die Kinder schreien »Vivat hoch!«
In die blaue Luft hinein;
Den Frühling setzen sie auf den Thron,
Der soll ihr König sein.

Die Kinder haben die Veilchen gepflückt,
All', all', die da blühten am Mühlengraben.
Der Lenz ist da; sie wollen ihn fest
In ihren kleinen Fäustchen haben.

Gottfried Keller

Gewitter im Mai

In Blüten schwamm das Frühlingsland,
Es wogte weiß in schwüler Ruh;
Der dunkle feuchte Himmel band
Mir schwer die feuchten Augen zu.

Voll Reu' und Leid hatt' ich den Mai
Gegrüßt und seinen bunten Flor;
Nun zog er mir im Schlaf vorbei,
Verträumt von dem vergrämten Tor!

Da war ein Donnerschlag gescheh'n,
Ein einziger; den Berg entlang
Hört' ich Erwachender vergeh'n,
Erschrocken seinen letzten Klang!

»Steh' auf! steh' auf! entraffe dich
Der trägen tatenlosen Reu'!«
Durch Tal und Herz ein Schauer strich,
Das Leben blühte frisch und neu.

Johann Wolfgang von Goethe

Mailied

Wie herrlich leuchtet
Mir die Natur!
Wie glänzt die Sonne!
Wie lacht die Flur!

Es dringen Blüten
Aus jedem Zweig
Und tausend Stimmen
Aus dem Gesträuch,

Und Freud und Wonne
Aus jeder Brust.
O Erd, o Sonne,
O Glück, o Lust!

O Lieb, o Liebe!
So golden schön,
Wie Morgenwolken
Auf jenen Höhn!

Du segnest herrlich
Das frische Feld,
Im Blütendampfe
Die volle Welt.

O Mädchen, Mädchen,
Wie lieb' ich dich!
Wie blinkt dein Auge!
Wie liebst du mich!

So liebt die Lerche
Gesang und Luft,
Und Morgenblumen
Den Himmelsduft,

Wie ich dich liebe
Mit warmem Blut,
Die du mir Jugend
Und Freud und Mut

Zu neuen Liedern
Und Tänzen gibst.
Sei ewig glücklich,
Wie du mich liebst!

Heinrich Heine

Leise zieht durch mein Gemüt

Leise zieht durch mein Gemüt
Liebliches Geläute.
Klinge, kleines Frühlingslied.
Kling hinaus ins Weite.

Kling hinaus, bis an das Haus,
Wo die Blumen sprießen.
Wenn du eine Rose schaust,
Sag, ich lass sie grüßen.

Selim Özdogan

Jeden Frühling wünsche ich mir das Gleiche

Einen Sommer lang lief es. Einen Sommer lang saßen wir am Fluss, Leute, die gerade vor einer Stunde ihre Arbeit beendet hatten, Leute, die für Prüfungen lernten, Leute, die heute noch kellnern mussten, Dachdecker, Pressesprecher, Filialleiter. Der Exfreund einer Frau, mit der ich um drei Ecken bekannt war, die Freundin einer Freundin von Markus, irgendjemand schleppte immer noch jemand anderen mit, und ich wusste manchmal mehr über die Picknickdecken als über die Leute selbst. Die grüne, blumenbedruckte mit dem riesigen Rotweinfleck, die mit den indisch anmutenden Mustern, auf die ich Wachs gekleckert hatte, die flauschige blaue, auf der ich gerne lag, wenn es abends kühler wurde und die anderen Decken sich schon feucht anfühlten. Ich war fast schon traurig, wenn ich eine frisch gewaschene Decke sah, die ihr Gesicht verloren hatte.

Einen Sommer lang lief es. Da war immer jemand, der einen Salat mitgebracht hatte, Würstchen, Brot oder Tomaten, da war immer jemand, der noch mal an den Kiosk fuhr und vorher Bestellungen entgegennahm, aber niemals Geld. Da war immer jemand, der Kerzen mithatte oder Räucherstäbchen, eine Kühlbox, eine Frisbee, da war immer jemand, der trockenes Holz suchte. Es fiel jedem leicht, irgendetwas zu tun. Heute lag man vielleicht auf der faulen Haut, unterhielt sich, nahm, was kam. Und morgen brachte man vier Flaschen Wein mit, einen Gettoblaster und einen Volleyball und kümmerte sich ganz alleine um das Feuer.

Es war immer der eine oder andere Unbekannte dabei, aber man konnte davon ausgehen, dass er ein angenehmer Mensch war, jemand, den man mochte und schätzte, hatte ihn wahrscheinlich mitgebracht. Man konnte nebeneinandersitzen und plaudern mit einer Leichtigkeit, die nicht nur an dieser weichen Luft lag. Es war so herrlich entspannt und einfach, bei gutem Wetter rief man die paar, die man gut kannte, an, und die riefen wiederum andere an, und bald schon lagen fünfzehn, zwanzig Menschen auf Decken am Fluss, tranken und unterhielten sich.

Später fuhr ich mit dem Rad nach Hause und feierte mit jemandem, wie gut es heute wieder gewesen war. Es gab ruhige Abende und Abende voller Gelächter und Bauchweh und Tränen in den Augen. Was zählte, war die Stimmung und dass wir beisammensaßen. Morgens nach dem Duschen hatte ich oft genug das Gefühl, noch nach dem Rauch des Feuers zu riechen, mein Lieblingsgeruch für dieses Jahr.

Einen Sommer lang lief es. Der eine oder andere verschwand für eine Woche oder zwei, Urlaub irgendwo, dann war er wieder da. Einen Sommer lang war alles ganz einfach, und manchmal fragte ich mich, ob wir uns was vormachten oder ob es genau darum ging, Menschen am Fluss, vereint durch Picknickdecken, Gespräche und den Wunsch, die Tage zu genießen.

Was war mit unseren Problemen, mit den Streitigkeiten, mit unseren Wünschen, die uns erdrückten, wenn wir alleine waren. Was war mit den Weckern, die morgens klingelten, mit den unerträglichen Kollegen, mit den Geldsorgen und den heftigen Auseinandersetzungen, mit den Prüfungen und den verblödeten Kunden, was war damit.

Was war mit all denen, die keine Stelle am Fluss hatten und niemand, der Getränke holen ging, und womöglich nicht mal ein Bett oder ein Dach über dem Kopf. Was war mit der ganzen Welt. Wir saßen zusammen, aber es änderte sich nichts, die Erde drehte sich mit der gleichen Geschwindigkeit wie immer. Strahlten wir Frieden aus. Und wenn ja, wohin?

Einen Sommer lang lief es. Wir waren eine Familie. Vielleicht geht es doch darum.

Nachweis

Matthias Claudius
Der Frühling. Am ersten Maimorgen. Aus: Matthias Claudius, *Gedichte und Prosa.* Hoffmann und Campe Verlag, Hamburg 1965.

Joseph von Eichendorff
Frische Fahrt. Aus: Joseph von Eichendorff, *Sämtliche Gedichte und Versepen.* Insel Verlag, Frankfurt am Main und Leipzig 2001.

Theodor Fontane
Frühling. Aus: Theodor Fontane, *Die schönsten Gedichte von Theodor Fontane.* Diogenes Verlag, Zürich 1996.

Emanuel Geibel
Hoffnung. Aus: Emanuel Geibel, *Gedichte.* J.G. Cotta, Stuttgart 1884.

Johann Wolfgang von Goethe
Frühzeitiger Frühling und *Mailied.* Aus: Johann Wolfgang von Goethe, *Gedichte I.* Diogenes Verlag, Zürich 1982.

Heinrich Heine
Neuer Frühling, Leise zieht durch mein Gemüt, Herz, mein Herz, sei nicht beklommen und *Im wunderschönen Monat Mai.* Aus: Heinrich Heine, *Sämtliche Gedichte in zeitlicher Folge.* Insel Verlag, Frankfurt am Main und Leipzig 2005.

Franz Hessel
An den Frühling. Aus: Franz Hessel: *Ermunterungen zum Genuß sowie Teigwaren leicht gefärbt und Nachfeier.* Kleine Prosa 1926–1933. Herausgegeben von Peter Moses-Krause. Das Arsenal, Berlin 1999.

Hugo von Hofmannsthal

Vorfrühling. Aus: Hugo von Hofmannsthal, *Werke*. Fischer Taschenbuch Verlag, Frankfurt am Main 2000.

Mascha Kaléko

Nennen wir es Frühlingslied. Aus: Mascha Kaléko, *In meinen Träumen läutet es Sturm*. Copyright © 1977 by Deutscher Taschenbuch Verlag GmbH & Co. KG, München.

Erich Kästner

Atmosphärische Konflikte. Aus: Erich Kästner, *Doktor Erich Kästners lyrische Hausapotheke.* Copyright © 1936 by Atrium Verlag, Zürich und Thomas Kästner.

Der April und *Der Mai.* Aus: Erich Kästner, *Die 13 Monate.* Copyright © 1955 by Atrium Verlag, Zürich und Thomas Kästner.

Gottfried Keller

Frühlingsluft (Titel vom Herausgeber). Auszug aus: Gottfried Keller, *Der grüne Heinrich*. Deutscher Taschenbuch Verlag, München 2007.

Gewitter im Mai. Aus: Gottfried Keller, *Gedichte/Der Apotheker von Chamonix*. Diogenes Verlag, Zürich 1978.

Stephen Leacock

Frühlingsnahen. Aus: Stephen Leacock, *Humor und Humbug*. Williams & Co Verlag, Charlottenburg 1925.

Siegfried Lenz

Eine Kleinbahn namens Popp. Aus: Siegfried Lenz, *Die Erzählungen.* Copyright © 2006 by Hoffmann und Campe Verlag, Hamburg.

Guy de Maupassant

Im Frühling. Aus dem Französischen von Georg von der Vring. Aus: Guy de Maupassant, *Novellen*. Phaidon Verlag, Wien 1951.

Christian Morgenstern

Frühlingsahnung und *Frühling*. Aus: Christian Morgenstern, *Werke und Briefe*. Band II: *Lyrik 1906–1914*. Verlag Urachhaus, Stuttgart 1992.

Eduard Mörike

Er ist's. Aus: Eduard Mörike, *Was hilft das Schimpfen.* Diogenes Verlag, Zürich 1984.

Im Frühling. Aus: Eduard Mörike, *Gedichte.* Fischer Bücherei, Frankfurt am Main 1968.

Selim Özdogan

Jeden Frühling wünsche ich mir das Gleiche. Aus: Selim Özdogan, *Trinkgeld vom Schicksal.* Geschichten. Copyright © 2003 by Aufbau Verlag GmbH & Co. KG, Berlin.

Rainer Maria Rilke

Frühling ist wiedergekommen (Auszug aus: *Die Sonette an Orpheus*). Aus: Rainer Maria Rilke, *Die Gedichte.* Insel Verlag 2006.

Will dir den Frühling zeigen und *Frühling.* Aus: Rainer Maria Rilke, *Werke.* Kommentierte Ausgabe in vier Bänden. Hrsg. von Manfred Engel, Ulrich Fülleborn, Horst Nalewski, August Stahl. Insel Verlag, Frankfurt am Main und Leipzig 1996.

Joachim Ringelnatz

Frühling. Aus: Joachim Ringelnatz, *Sämtliche Gedichte.* Diogenes Verlag, Zürich 2005.

Joseph Roth

Rehabilitierung des deutschen Frühlings und *Der Frühling, die schönste Jahreszeit.* Aus: Joseph Roth, *Werke I, Das journalistische Werk 1915–1923.* Kiepenheuer & Witsch, Köln 1989.

Theodor Storm

Mai. Aus: Theodor Storm, *Sämtliche Werke.* Band I: *Gedichte, Novellen 1848–1867.* Deutscher Klassiker Verlag, Frankfurt am Main 1987.

Ludwig Thoma

Auszug aus *Frühlingsahnen.* Aus: Ludwig Thoma, *Die Gedichte.* Haffmans Verlag, Zürich 2012.

Kurt Tucholsky

Der Lenz ist da! Aus: *Die schönsten Gedichte von Kurt Tucholsky.* Diogenes Verlag, Zürich 2006.

Auszug aus *Frühlingsvormittag.* Aus: Kurt Tucholsky, *Gesammelte Werke.* Rowohlt Verlag, Reinbek bei Hamburg 1960.

Ludwig Uhland

Frühlingsglaube. Aus: *Geh aus mein Herz und suche Freud. Die Jahreszeiten in Gedichten*. Herausgegeben von Anton Friedrich. Diogenes Verlag, Zürich 1991.

Robert Walser

Auszug aus *Grün II*. Aus: Robert Walser, *Sämtliche Werke in Einzelausgaben*. Herausgegeben von Jochen Greven. Band 16: Träumen. Mit freundlicher Genehmigung der Robert-Walser-Stiftung, Bern. Copyright © 1978, 1985 by Suhrkamp Verlag, Zürich.

Stefan Zweig

Praterfrühling. Aus: Stefan Zweig, *Brennendes Geheimnis*. Erzählungen. S. Fischer Verlag GmbH, Frankfurt am Main 1987.